Falando de Idade Média

Coleção Debates
Dirigida por J. Guinsburg

Imagem da capa – Pórtico da Glória, Catedral de Santiago de Compostela. Detalhe.

Equipe de realização – Edição de texto: Iracema A. de Oliveira; Revisão: Marcio Honorio de Godoy; Produção: Ricardo W. Neves, Sergio Kon e Lia N. Marques.

paul zumthor
FALANDO DE IDADE MÉDIA

Tradução de Jerusa Pires Ferreira

Copyright © Paul Zumthor

Dados Internacionais de Catalogação na Publicação (CIP)
(Câmara Brasileira do Livro, SP, Brasil)

Zumthor, Paul
  Falando da Idade Média / Paul Zumthor; tradução Jerusa Pires Ferreira. – São Paulo: Perspectiva, 2009. – (Coleção debates)

  Título original: Parler du moyen age
  Bibliografia
  ISBN 978-85-273-0846-5

  1. Idade Média – História I. Título. II. Série.

08-11816   CDD-909.07

Índices para catálogo sistemático:

  1. Idade Média: História   909.07

[PPD]

Direitos reservados em língua portuguesa
à EDITORA PERSPECTIVA LTDA.
Av. Brigadeiro Luís Antônio, 3025
01401-000 São Paulo SP Brasil
Telefax: (11) 3885-8388
www.editoraperspectiva.com.br
2018

SUMÁRIO

Para Justificar 9

1. Um Giro pelo Horizonte 15
2. Questão de Identidade 31
3. A Herança Romântica 57
4. O Empirismo Necessário 87
5. O Recitante da História 113

Posfácio – *Jerusa Pires Ferreira* 123
Bibliografia 131

PARA JUSTIFICAR

Muitas obras publicadas no curso dos quatro ou cinco últimos anos, sobretudo na França e Alemanha, reabriram um antigo dossiê: este "processo da história" com o qual não rompemos, desde Tucídides. O caso, no entanto, parece grave porque por aí ou para além dos métodos e utilidade de um saber é a natureza deste, os pressupostos epistemológicos de uma prática que se põe em causa, de maneira às vezes radical. Desejaria que este livro fosse lido com o mesmo olhar daqueles: talvez com efeito levasse a esta discussão uma contribuição, por certo limitada, mas útil porque específica.

É verdade, meu leitor poderia se espantar, folheando estas páginas e constatar que trato aqui quase exclusivamente de estudos medievais, especialmente de setores que se disseram, de maneira particularmente inadequada, "literários". Devo algumas explicações preliminares. Não tenho de me desculpar por usar a primeira pessoa. Está aí menos um jogo de estilo do que uma exigência intelectual. Depois de 35 anos de uma carreira que lentamente chega a seu fim, pouco importam os falsos pudores, antes do grande vazio para onde nos conduziu um dia a busca incerta de uma intensidade, de uma emoção repentina que valha a pena, esta largada que compromete a inteligência e o corpo. Depois de algum tempo já parece ir se estreitando a paisagem em que outrora acreditamos divagar à vontade. No entanto, as dimensões aí são menos reduzidas que concentradas: não é mais num universo de vastas geometrias desdobradas que nos movemos, mas rumo ao improvável de onde, no tempo de um clarão, percebemos talvez a linha de fuga.

O que mais? Senão que, desta zona de pobreza extrema, eis-nos chegados, sob os nossos ouropéis críticos, ao terreno que, atravessado durante a idade madura, pouco a pouco se encontra, no olhar daquele que se volta e se detém, alívio e cor ingênua. Caminharemos por muito tempo, os olhos meio fechados. É ao menos o que se diz a si mesmo; agora que não nos referimos mais à estrada, discernimos melhor por onde ela nos levou, entre poças e verdes pastagens... E se ainda fica um fim de campo a percorrer, de agora em diante, sem excesso de ilusão e fadiga, teremos nos transformado naquilo que se é, de uma maneira ou de outra, num fragmento da história.

Não se trata mais de falar de si, ainda menos de mover-se no côncavo das lembranças, mas de escolher com economia, porque o tempo custa caro e urge, o ponto de referência mais diretamente acessível. Que cada um esteja livre para ilustrar um meio século de crônica científica ou mundana, retraçando a biografia de um mestre ou de um confrade. Por que todo este desvio, se o que conta finalmente não é ele nem eu? O que conta é a possibilidade de identificar emblematicamente a função social preenchida pelo indivíduo em causa (isto é, seu trabalho) com tal obra, tarefa, tal domínio de reflexão ou de pesquisa no qual os acontecimentos (em falta de uma inclinação natural) o ligaram por muito tempo: espécie, obra, tarefa, ou domínios que foram considerados pela *pessoa* interposta, o que quer dizer em outra parte e de outro modo que não fosse apenas a biblioteca.

Quanto a mim, os acontecimentos se conjugaram à tendência natural (despertado em época longínqua em que eu estudava história do Direito) para promover-me muito cedo ao estatuto ambíguo de medievalista.

De fato, a partir de 1942 e 43, nunca deixei de me interessar pela civilização medieval, especialmente por suas estruturas linguísticas e manifestações poéticas. Foi neste setor que, quase sem interrupção, ensinei e conduzi meu pequeno trem de pesquisas. Eu aí me diverti muito e também conheci horas de profundo prazer. Estas circunstâncias concernem só a mim e eu não lhes atribuo nenhum valor geral: pelo menos elas me permitiram, progressivamente, uma lenta e saborosa experiência, cujo efeito no plano das representações e das ideias ficou tão claro, que seria mentiroso de minha parte não levá-lo em conta, daí pra frente, em tudo o que eu diga: do lugar que era o meu, por escolha e profissão, as janelas se abriam a todas as direções do mundo; bastava um gesto para afastar os contraventos. Tudo se oferecia a este apetite de ver, de provar, e, se possível, de compreender.

Mas isto, eu não era o único a viver. O fechamento das disciplinas imposto pela prática de nossos mestres nem sempre impedia as aberturas. Uma relação dinâmica começava a se ligar, nos anos de 1950, para muitos dentre nós, à nossa atividade limitada ao horizonte do que chamávamos ciências humanas. Esta relação apresentava uma analogia com aquilo que no plano pessoal nos enraizava, nós universitários do século xx, em nossa atividade de professores e de pesquisadores. O objeto desta atividade, os textos medievais, constituía um conjunto de que se recortavam muitos outros: o dos textos em si, o dos fatos da cultura medieval, o dos fatos históricos em geral. Toda modificação, por descoberta, apuração das análises, inovação metodológica, que se produzia no corpo de um desses conjuntos e dos diversos campos de pesquisa que ele determinava, repercutia em todos os outros. Os problemas colocados a cada dia, pela prática dos estudos medievais, eram assim (mais ou menos) comuns a um grande número de disciplinas especializadas; talvez fosse o dos problemas universais, do mesmo modo que nosso objeto se integrava organicamente no conjunto vivo formado por todas as marcas da Memória humana, assim nosso discurso era chamado, como por vocação, a se integrar nesta Memória.

Ainda precisávamos ter vontade de abrir as janelas, e muito amplamente; instaurar uma corrente de ar, um movimento de percepções e de conceitos que permitisse incessantes franqueamentos de outros lugares e daqui, entre este passado e o presente vivido e, ainda, a perspectiva de um futuro; que permitisse ultrapassar o passado sem o abolir como história... e mais ainda, talvez, sair do gueto etnocentrista e se descolar dos anacronismos confortáveis. Intenção frágil condenada a se liquefazer em palavrório, se uma informação extensa e precisa não a consolidasse. Esta informação, ao certo, só poderia ser heterogênea, era preciso tomar o seu partido: interno e externo, de primeira mão por um lado, de segunda, por outro, iluminando alguns setores mais afastados, de modo que a especialidade de cada um funcionasse à maneira de uma lareira central em torno da qual se ordenassem, concentricamente, zonas em que o calor, decrescente, viesse ao mesmo tempo deste fogo e das fontes estrangeiras mais afastadas. Muitos (mas não a maior parte) daqueles com quem, ao curso dos anos, me aconteceu confraternizar, partilhavam desta concepção de nossa tarefa. Não gostaríamos que um medievalista europeu permanecesse desprovido de toda noção da Ásia suntuosa dos séculos VIII, X E XII nem dos impérios do oeste africano. A completa ignorância, e ainda com mais forte razão a indiferença, nesses pontos nos eram suspeitas (quando elas se acompanhavam de autossuficiência), intoleráveis. Pouco importava que soubéssemos disso só um pouquinho, não conseguiríamos, na prática, grande coisa: no plano dos preconceitos intelectuais, pelo menos desataríamos um laço.

Numa zona próxima ao nosso lugar de trabalho, não nos parecia concebível que um especialista da "literatura medieval" francesa não se sentisse à vontade entre o conjunto indissociável das "literaturas" da mesma época, que nos foram transmitidas em latim, e nas diversas línguas românicas, senão europeias. Mas esse eixo de perspectiva não era o único a se esboçar: um segundo abarcava a história dos funcionamentos econômicos, dos movimentos sociais, das mentalidades, dos costumes, e por que não, dos climas? Um terceiro (de fato privilegiado por muitos medievalistas a partir de uma dezena de anos), o complexo de especulações e de discursos críticos gerados a partir do debate dos anos de 1950 pela colocação do "fato literário", complexo que resumiríamos, aproximativamente, sob o nome de fenomenologia do texto.

Ninguém entre nós, evidentemente, nutria ambição de construir obra original, simultaneamente, em muitos desses domínios. O tempo das Sumas transmudou-se. Uma obra de ambição, ainda que pouco enciclopédica, exige a colaboração de equipes muitas vezes numerosas. É apenas necessário manter abertas as janelas, sob pena de perecer de sufocação, quero dizer de lassidão e desinteresse... e talvez, eu devesse dizer mais, sob pena de renunciar a toda esperança de perceber os próprios fatos, e com mais forte razão ainda, interpretá-los. Foi nesta convicção que andamos alguns de nós, em minha geração, através da Europa, reformando, pouco a pouco, durante a década de 1950-1960, nossos hábitos de trabalho, nossas maneiras de pensar e sentir. De minha parte, desde então, eu me esforcei experimentando sortes diversas, para sempre me colocar em qualquer ponto de vista de onde os textos medievais suscitassem interrogações tais que pudessem ser concernentes a todos os outros... mesmo para manifestar as diferenças. Compreende-se assim, penso eu, por que e como, nas páginas que seguem, as referências que faço aos estudos medievais comportam uma espécie de ambiguidade pretendida: elas concernem a um largo setor das "ciências humanas", mas somente através de uma disciplina particular que eu conheço bem e cujos limites não cometo a tolice de pretender apagar.

1. UM GIRO PELO HORIZONTE

Há alguns anos aparecem numerosos sinais que anunciam (desmentindo um certo pessimismo acadêmico) uma renovação dos estudos medievais, tanto nos procedimentos quanto no interesse que suscitam. Georges Duby declarava-o por sua vez com ênfase, numa entrevista ao *Express*[1].

É preciso ainda distinguir dois aspectos deste fenômeno: um tendo a ver com a própria atuação dos pesquisadores; outro com a atitude do grande público, curioso mas não iniciado. Uma série de conferências e mesas redondas, organizadas em 1979 no Centro Georges Pompidou, se intitulava *Modernidade da Idade Média*. A expressão, bem como todos os títulos que se ligam a este paradoxo, é um *slogan*. Mas ela se prepara para receber um sentido. Seria aconselhável recolher as provas; as histórias em quadrinhos cuidam disso tanto como o cinema e a televisão de um e de

---

1. 16 dezembro de 1978, n. 1431, p. 86-94.

outro lado do Atlântico. Basta evocar o *Roland* de Cassenti, o *Lancelot* de Bresson, o belo *Perceval* de Eric Rohmer, os dois *Graal* (ficção e teatro) de Jacques Roubaud e Florence Delay. É sobre sua modernidade que, em definitivo, eu me interrogo: por quê? Como? Neste vazio na encruzilhada do ideológico e do imaginário: o campo inteiro do possível. Retomo assim os termos pelos quais Daniel Poirion apresentava as noitadas do Beaubourg. Que a publicidade mercantil recupere, deformando o eco destes questionamentos e ameace sufocá-lo sob seu próprio ruído, não é de saída o que me interessa: contornaremos o obstáculo falando da alteridade desta "Idade Média" (admitamos, a idade cultural, segundo a expressão de Fernando Braudel, em que buscamos o nosso objeto), ademais e com efeito "moderna"[2].

O letrado de hoje espera do medievalista menos uma ocasional incitação filosófica (como era habitual, por volta de 1830) do que um discurso sobre o homem. Tanto que ele lhe pede esclarecimentos sobre a formação, os avatares, a finalidade das culturas. Qualquer que seja a perspectiva adotada, reconhece implicitamente uma diferença. Talvez sua curiosidade se baseie em parte no desejo confuso de escapar da opressão que a civilização lhe causa: então sua "Idade Média" toma lugar entre seus mitos ecológicos. É fácil ironizar: quem sabe o que, dentro de um século, sairá do ecologismo e dos nossos movimentos diversos e marginais se, por acaso, uma poderosa ideia comum não viesse, cristalizando-os, libertá-los do pitoresco?

É o caráter historicamente exemplar da "Idade Média" que permite, sem dúvida, o conhecimento que daí tiramos de melhor e mais rápido para escapar ao pitoresco que

---

2. Cf. a resenha das exposições-debates do Centro Georges-Pompidou em *Perspectives médiévales*, 5; cf. A. Planche, Moyen Âge et presse quotidienne, *Perspectives médiévales*, 2, p. 79-84; M. de Combarieu, Le moyen âge et Radio-France, *Perspectives médiévales*, 5, p.16-27; num plano epistemológico, H. R. Jauss, *Alterität und Modernität der mittelalterlichen Literatur*, p. 9-47.

nunca vai dar conta do rebanho. A "Idade Média" possui uma qualidade particular que resulta ao mesmo tempo da duração e da realização. Se fixarmos os limites extremos dos séculos v a xv ou, como sugeriu Jacques Le Goff, do III ao XVIII, não muda grande coisa quanto a este fato capital: a existência de um período difícil de confinar, em virtude de critérios quase homogêneos, na continuidade do tempo humano; período muito longo para existir em nossos laboratórios, fora da escala microscópica; pelo menos muito limitada para não sobressair apenas do único cálculo das probabilidades, e, por isso mesmo, convidando a uma consideração global[3]. Dito isto, suprimo as aspas sob as quais, por prudência, enquadrei a expressão *Idade Média*.

Poderíamos certamente nos expressar com os mesmos termos a propósito de outras épocas, de outras culturas. Mas deste conjunto que foi nossa Idade Média, conhecemos o fim ou até a finalidade. Não saberíamos dizer o mesmo do universo maya. A não atualidade da Idade Média, provedora de pitoresco, coloca-nos em condição de estudar eficazmente o que é o funcionamento de uma sociedade: como, de fato, conhecer as leis que aí presidem se podemos nela constatar os últimos desregramentos e a ultrapassagem terminal?

A Idade Média ocupa assim, hoje, em nossa memória, o lugar problemático crucial em que os nossos antepassados colocavam a Antiguidade greco-latina. Ela se oferece permanente como um termo de referência, servindo, por analogia ou por contraste, ao nível dos discursos, tanto racionais quanto afetivos, para esclarecer um ou outro aspecto desta mutabilidade, desta manipulabilidade que somos nós. Um recurso tal, sem dúvida, é espontâneo demais para ser perfeitamente inocente e poderíamos ver aí a projeção fantasmática de alguns de nossos medos. Entreguem-se ao jogo de associações livres, notem o que evoca em dez indivíduos, tomados ao acaso, e uma expressão desprovida

---

3. Cf. J. Le Goff, *Pour un autre moyen âge*, p. 10-11 e L'histoire nouvelle, em J. Le Goff et al., *La nouvelle histoire*.

de qualquer contexto como "retorno à Idade Média"... "Retorno à Antiguidade" não significaria mais nada: quando muito vagas lembranças de falsa grandeza e de vontade de poder. O que, por sua vez, nos traz a Idade Média é um feixe de interrogações.

Nós e a Idade Média

Por que esta evolução que presumimos irreversível? Não basta, para explicar, reconhecer um dos efeitos de deslizamento do terreno cultural que se produziu no último quartel do século xx, sob os nossos pés. Ainda uma vez, convém distinguir: o geral do específico, o latente do manifesto.

Evocando outrora a desintegração dos velhos costumes, dizia Ortega y Gasset mais ou menos assim: homens de agora, experimentamos o sentimento de ter sido deixados sós na terra. Não se duvida mais de que o sucesso que atravessa os temas históricos na indústria das diversões de massas se deva por um lado ao enfraquecimento da crença no progresso científico, na reabilitação de culturas estranhas ou arcaicas, na necessidade de substituir sonhos de antanho pelo conhecimento daquilo que os doutos especializados nos *asseguram*, ou seja, que isto verdadeiramente se passou assim... Meio *tranquilizador* de se pensar a si mesmo e talvez sua própria morte. O que dizer das relações inconscientes que uma sociedade liga àquilo que ela sente como seu passado?

No seio do vasto conjunto de narrativas e imagens assim absorvidas, aquelas que remetem à Idade Média se beneficiam de um estatuto particular. Para a massa dos consumidores, as técnicas da pesquisa histórica tornaram-se impenetráveis, mal compreensíveis sem contrassenso: alienada da ciência que se faz, pelo menos esta massa encontra em suas próprias faltas a possibilidade de atar um laço caloroso com um anteontem do qual, talvez, ela construa para si uma ideia falsa, cujos reflexos não estejam totalmente apagados em sua sensibilidade e em sua memória. Mais do que outros tempos revolvidos, a Idade Média aparece, obscuramente, como o tufo profundo até onde mergulham nossas raízes biológicas e mentais[4]. Em contrapartida, o classicismo é imposto pela cultura oficial e a contracultura de massas contesta-o; ela o rejeita na mistura com o mito da Antiguidade. Na Idade Média, ela percebe um "antes" mais próximo, menos regulado, mais selvagem, onde por acaso os movimentos culturais regionalistas esperam sorver uma seiva anterior à grande uniformização. Esta situação se presta a certos abusos que os espíritos nostálgicos poderiam deplorar. Ela não constitui, para o medievalista de profissão, o fundamento sociológico de sua atividade. Isto decorre de um certo número de obrigações das quais, infelizmente, ele não tem muitas vezes consciência e às quais eu voltarei.

As relações assim criadas são, além disso, complexas e não é prudente assumi-las. Tomo o exemplo dos textos "literários" medievais. Romances de cavalaria, *fabliaux*, jogos dramáticos, poesias líricas, numerosas obras dos séculos XII, XIII, XIV foram traduzidas, há vinte anos, às vezes bastante difundidas e, apesar de tudo o que a tradução lhes subtrai – encontraram leitores. A um nível primário, esta leitura satisfaz a uma necessidade de despaisamento junto com o gosto espontâneo do contato com o outro, de que nos damos conta vagamente daquilo que guardamos dele de algum modo:

Cada época [escrevia Friedelli] construiu uma imagem do passado que só pertence a ela e que caracteriza o modo de tomada de consciência histórica que lhe é própria [...]. Toda história é epopeia, gesta, mito e, como tal, produto de nossa capacidade de síntese intelectual, de nosso poder de visão imaginária, de nosso sentimento cósmico[5].

4. F. Graus, *Lebendige Vergangenheit*; S. Friedländer, *Histoire et psychanalyse*, p. 145.
5. E. Friedell, *Kulturgeschichte der Neuzeit*, I, p. 13; cf. H.-G. Gadamer, *Vérité et méthode*, p. 147. Sobre a concepção de passado na Idade Média, E. Gössmann, *Antiqui und Moderni im Mittelalter*.

Isto resulta de hábitos adquiridos, em um grande número de contemporâneos, de uma visão muito reducionista da Idade Média. Esta redução levou por muito tempo (e muitas vezes leva ainda) os praticantes mais advertidos da leitura crítica a lançar um olhar de suspeita sobre essas velharias. No entanto, alguns medievalistas, no curso dos anos recentes, mostraram bastante audácia para tentar ultrapassar a simples decodificação filológica, e começaram a decifrar a alta estela hieroglífica que constitui a "literatura medieval". Eles instigavam assim motivações novas e mais válidas, justificando a relativa popularidade de seu objeto; e atualizavam as bases de um alcance ainda mais amplo, porém mais bem fundamentado e, além disso, mais fecundo.

A meio termo, do lado-côrte (o grande público), é de tais medievalistas que provém a tarefa de uma necessária iniciação, bastante suave e humilde, embora sem compromisso: e, de saída, a invenção de um método de apresentação dos próprios textos, que se liberta das servidões da tradução pura e simples, sem, no entanto, aí substituir as da glosa. Diversas tentativas estão atualmente em curso.

Do lado-jardim (os críticos), as coisas andaram mais depressa e um começo de osmose se produziu desde então e já, entre muitos setores de reflexão e pesquisa. Uma convicção difusa se espalha de mais a mais, parece-me, entre os eruditos amadores de textos: os problemas específicos colocados pela poesia e escritura medievais alcançam aquilo que chamávamos outrora a Modernidade, para além do longo espaço alógeno dos séculos ditos clássicos. Estes últimos, com efeito, tinham constituído nos discursos literários um sistema particular de valores dominado e determinado por aquele, dentre eles, que passava (pelo menos publicamente) pelo mais alto valor, a lisibilidade, no sentido em que a define Roland Barthes. A cultura medieval de língua vulgar, até o século XIII e mesmo depois, ignorou estes valores; e durante os cem últimos anos, seu sistema pouco a pouco se desfez para nós. Encontramo-nos na mesma linha de visada que o autor do *Roman de la*

Rose, ou Guillaume de Machaut ou Villon. Podemos, por cuidado pedagógico, levar a aproximação até o paradoxo. O fato bruto não deixa de comparecer.

Simultaneamente, os progressos da etnologia abrem o horizonte para numerosas analogias constatáveis entre certas sociedades pouco (ou de outro modo) evoluídas no mundo contemporâneo e na Europa feudal. Embora a validade dessas analogias não exista sem criar problemas, elas permitem, algumas vezes, renovar com proveito os pontos de vista históricos: assim, no que concerne a nossos textos, todas as observações consignadas há uns trinta anos sobre o funcionamento das tradições orais. O ceticismo ostentado nesse ponto por muitos medievalistas não impediu que alguns (entre os quais estou) deixassem de tentar, a partir daí, uma redefinição da "textualidade" medieval.

A Idade Média criou, com elementos heterogêneos, as línguas que falamos hoje. Forjou, no essencial, os discursos que mantemos e que formalizam nossas pulsões e nosso pensamento: falamos já há muito tempo e de maneira insuficientemente matizada de nosso discurso amoroso; é preciso dizê-lo de nosso discurso político, econômico e mesmo as múltiplas formas daquilo que Pierre Legendre chama o "discurso canônico", reivindicando que todo humano seja englobado na ciência e no direito – intenção que marca, ainda hoje, a diversidade de nossas palavras, compreendendo a da psicanálise[6]. Tais fatos alcançam a intuição selvagem de um público de mais a mais extenso, inquieto por esclarecer, ainda que pouco, o lugar de onde veio. Ele a justifica, na própria medida em que se exige um reenquadramento dos estudos medievais que lhes corrija os erros, sem renegá-la.

É assim, em particular, que se multiplicam a pouco tempo, na obra dos especialistas, os índices (é verdade dispersos, mas convergentes) de uma tomada de consciência, por e para ela própria, do estudo dos textos "literários"

---

6. P. Legendre, *L'Amour du censeur*, especialmente p. 50-115.

medievais, estudo que tende a se problematizar enquanto discurso: a problematizar as próprias noções em que fundamentam o exercício, como as de forma e sentido; a romper o círculo que assegurava até aqui, em meio a indiferença geral, "a reprodução indefinida de recortes formais, mesmo que uma nova erudição lhe modificasse o conteúdo"[7], sendo que não dá para negligenciar os riscos disso. Mas por que não levá-los em conta? Certas "leituras múltiplas", em que se ensaiam medievalistas bem intencionados, desembocam num amálgama de contraverdades e de truísmos, tudo está em tudo: perspectiva menos universal que milenarista. Pouco importa: estamos na véspera de uma mutação geral desses estudos. Para se realizar, ela pede, aquém e além de uma releitura de textos que colocamos, a seu propósito, problemas tais que encontramos nesses mesmos textos uma resposta pertinente, própria para atualizá-los[8].

A Crise

Tudo anda na melhor direção entre esses medievalistas, diria para si mesmo um observador ingênuo. Ei-los, de vento em popa, embarcados em amanhãs que cantam!

Deixemos este ingênuo com suas maravilhas, aqueles que entre nós sabem o que vale a medida.

A honestidade mais simples nos constrange a colocar uma questão prévia: os fatores que, em nosso tempo, permitiram ao conjunto das ciências humanas, especialmente à história, realizar os progressos que sabemos terem afetado verdadeiramente em profundidade os estudos medievais? Ou melhor, a despeito de algumas aparências, eles ocasionaram um retardo, difícil, no mais, de avaliar-se?[9]

7. M. de Certeau, *L'écriture de l'histoire*, p. 43-44.
8. R. Warning, *Rezeptionsaesthetik*, p. 7.
9. H. U. Gumbrecht, Toposforchung, Begriffsgeschichte und Fomen der Zeiterfahrung im Mittelalter, em K. Baldinger, *Beiträge zum romanischen Mittelalter*.

Se considerarmos esses estudos como um todo homogêneo, o balanço é por certo positivo. Mas se o distinguimos entre os diversos setores, devemos melhor constatar fortes distorções. O estudo dos textos literários conserva muito geralmente, é preciso confessá-lo (a despeito dos índices que acabei de assinalar), alguma coisa de poeirento e velho que, depois de bastante tempo, a história social ou a análise das estruturas econômicas perderam. A história da literatura medieval parece um pouco o parente pobre do medievalismo. Isto se prende, sem dúvida, à especificidade dos fatos em causa. Mas é isso justamente o que me incita a escrever este livro.

Quantas obras consagradas à literatura medieval dão a impressão confortadora de que seu autor "nela acredita"? Bem poucas. O leitor, muitas vezes, experimenta mais a impressão de que ronda por aí alguma coisa de má consciência: o erudito que lê a prosa não cessa de procurar álibis, porque, a seus próprios olhos, ser medievalista não é grande coisa[10].

Mas o que sobressai na urgência dos problemas pessoais e coletivos que nos assaltam hoje? Para quem se demite de suas tarefas concretas, a infelicidade do mundo não é jamais uma desculpa. Isso não nos dispensa, ao contrário, de estender nossa energia, tendo em vista a abertura que será necessário praticar um dia, sob pena de romper, não importa que fissura consigamos abrir, tendo em vista quebrar o círculo hermenêutico idealista e forçar a ciência a renovar seus conteúdos.

A situação insatisfatória de nossos estudos não provém apenas das circunstâncias externas e nem só da mediania dos homens. Ela é gerada por tensões, algumas vezes aparentemente irredutíveis, ao mesmo tempo interiores à nossa disciplina e intrínsecas a nossos modos de pensar e agir. Queiramos ou não, o medievalista se encontra, de fato, situado hoje no lugar-comum de muitas séries an-

---

10. P. Y. Badel, Pourquoi une poétique médiévale? *Poétique*, 18, p. 246.

tinômicas: umas de caráter muito geral afetam todas as ciências humanas; outras são próprias dos estudos medievais, e, enfim, algumas são particulares do estudo das literaturas da Idade Média.

O pano de fundo cultural em relação ao qual se define esta problemática não é outro senão uma crise da nossa própria linguagem, provocada pela descoberta tardia, em nosso século, de algumas evidências que afetam bastante, além das disciplinas particulares, todo o campo do pensamento.

O que eu digo de alguma "coisa", seja o que for, permanece exterior a esta coisa e não menos inadequado ao conceito que, ao falar, eu dela elaboro. A linguagem crítica que emprego, o "método" que me guia visa, no melhor dos casos, a reduzir esta inadequação, diminuindo a distância desta exterioridade: fim ideal, jamais atingido. Do método que tenta segurar a "coisa" ao processo ou à prática que produz esta coisa, coloca-se menos uma distância do que uma diferença radical que se ligue à natureza da energia investida e ao trabalho realizado.

Se a "coisa" é um texto, o método consiste naquilo que eu chamarei um *discurso-sobre*, cuja a relação com este texto é uma relação de aplicação; ora, a prática que constituiu no passado o próprio texto foi um *discurso-em* (relação de localização) e *discurso-por* (relação de causa e de instrumento). Donde, uma dupla oposição de que pelo menos uma (*sobre/por*) não se reduz jamais: *sobre* tende à instauração de taxinomias, *por* refere-se à produção mesmo, tende a anular os esclarecimentos racionais.

Os métodos de inspiração linguística que prevaleceram durante duas décadas, em suas pesquisas ditas "literárias" "discorriam sobre". Ora, fomos para aqui conduzidos há alguns anos, não sem problemas ou contestações, à percepção do que foi por muito tempo (e no mais especialmente na Idade Média!) uma evidência: não falamos de escritura, escrevemos.

Daí haver entre nossos contemporâneos, nossos confrades em círculos de medievalistas, uma espécie de consciência cheia de vergonha, velada, muitas vezes camuflada em agressividade, no entanto, cada vez mais manifesta; uma autocontestação da linguagem nos leva a reconhecer o que ela é: depositária de um desconhecido que nos constrói, e dissimuladora desse mesmo desconhecido; mas depositária que não cessa de nos trair, dissimuladora inábil – de maneira que constitui o lugar de nossas ambiguidades, de nossas denegações, bem como a matéria de nossos fantasmas e a utopia de nossos sonhos.

Por isso, provisoriamente, sem dúvida, para nós não há mais método, no sentido estrito. O que daí subsiste ou ocorre é um número incerto de proposições quase contraditórias colocando princípios que, no estado atual de nossa reflexão, é tão difícil contestar quanto coordenar numa síntese lógica. Por um lado, entendemos a necessidade de nos "colar aos fatos" percebidos em sua própria condição cultural; mas por outro, a necessidade de integrá-los na leitura de nossa própria condição cultural. Tomamos consciência da natureza fundamentalmente histórica das ciências humanas; mas também do impasse em que se confina toda a filosofia da história. Sentimos, de mais a mais claramente, a urgência em não recortar a semiótica do signo da interpretação do sentido; mas não podemos ignorar a tendência profundamente enraizada na prática filológica (que nada ainda permitiu ultrapassar) de recusar o que se destaca da letra, em negar que o "resto" seja analisável ou mesmo digno de apreciação crítica.

Estas antinomias epistemológicas se agravam ainda hoje para muitos de nós pelo peso de costumes mentais herdados do século xix: uma espécie de incapacidade de se desligar de um positivismo irrefletido, tomado pela própria forma da retidão intelectual, mas operando a partir de pressupostos cuidadosamente ocultos, fundamentados nas condições sócio-históricas em que progressivamente ao próprio tempo da ascensão dos Estados burgueses se constituiu a nossa disciplina. Voltarei a este aspecto de nosso problema. No plano metodológico, reinaram assim, durante o espaço de três ou quatro gerações de pesquisadores, os quatro preconceitos redutores denunciados por Fichant[11]: preconceito analítico, que reduz o conjunto a seus elementos, independentemente de sua coerência geradora de sentidos; teleológico, que reduz o ante à antecipação do depois; o empirista, que reduz a "ciência" como acumulação de verdades reutilizáveis; o "nominalista" enfim, que reduz o conceito à palavra, ou seja, mitificando uma terminologia.

Estes preconceitos compunham um conjunto daquilo que se chamava "objetividade": considerada como um alto valor moral, mantida ao preço de uma verdadeira ascese intelectual, e a que aderiam com toda a sua honestidade aqueles que foram os meus mestres, muitas vezes, no sentido mais nobre desta palavra: um Edmond Faral que, com uma secura distinta, de linguagem asséptica, pretendeu encorajar os meus primeiros ensaios, no entanto infiéis às suas lições; um Karl Voretzsch orgulhoso de seu título imperial de "Geheimrat", o qual compensava sua pequena altura e que em agosto de 1914, como se dizia, se gabava de logo ter entrado na Arles, conquistada à frente do regimento provençal; um Walter von Wartburg que sabia tudo, mas possuía poucas e bem curtas ideias e confiava apenas em sua memória para estruturar sua ciência; um Robert Bossuat que, em 1935, me deu nota dois em vinte, no exame de francês antigo, o que não é, aliás, o motivo que me leva a escrever estas linhas! Mas nenhum dos detalhes é "objetivamente" insignificante.

No entanto, sabemos hoje, que os textos não se deixam apreender e que nenhuma atividade crítica pode, nem deve visar de uma vez a esta "objetividade". Longe disso: ela não chega mesmo a sistematizar-se, ainda que pouco, senão ao interrogar as condições que tornam possível seu exercício, as modalidades de interferência do texto e da subjetividade do crítico[12].

11. M. Fichant, L´idée d´une histoire des sciences, em M. Fichant; M. Pécheux, Sur l´histoire des sciences, p. 102-103.
12. M. Charles, Rhétorique de la lecture, p. 25.

A Instituição Medievalista

Donde nossa perturbação, nossas hesitações, às vezes a divergência das pesquisas, senão a incoerência dos resultados obtidos; daí, quando a fadiga cai sobre nós ou um fracasso momentaneamente nos bloqueia, essa impressão de inutilidade ou de medo, diante das farsas que nossas bibliografias parecem ocultar.

O que nos falta é uma ideia da finalidade de nosso trabalho – uma ideia das regras gerativas de nosso discurso. Talvez nossos predecessores tenham tido esta ideia e nós a tenhamos perdido. Mas, de toda maneira, não serve de nada pedi-la emprestada aos eruditos do passado, porque ela não saberia ser eficaz sem nos pertencer; e, segundo o que parece, há cinquenta anos saímos do velho mundo tradicional em que gerações se apoiaram mutuamente. A cada geração, cabe-nos tudo redefinir, de acordo à consciência que ela deve tomar de si própria.

Donde, em nossas horas de provação, este sentimento de abandono que nos atinge. À maneira dos homens de Ortega y Gasset fomos deixados sozinhos na terra... dos estudos medievais! Perdemos (nós os estudiosos de literatura mais do que outros) o poderoso ponto em que se apoiavam nossos mestres: este "corpo de medievalistas" dos quais, ainda há um quarto de século, falava Henri-Irénée Marrou, segurando com uma longa mão seca, sua cabeça de Padre da Igreja pintado por El Greco: este "corpo" tão coerente, tão bem firmado, em toda parte, na Europa e na América, nas administrações universitárias que poderíamos então, sem excesso de paradoxo, ter podido falar da instituição medievalista[13].

Diversificada, certamente, graças a um amplo leque de talentos que se exerce aí, essa instituição de fato permaneceu maciça até uma época recente: conjunto de formas e papéis, reunindo seus agentes; regras e linguagem

---

13. H. I. Marrou, *De la connaissance historique*, p. 26-28.

apropriadas; transmissão codificada da herança. Ausência, senão recusa, de toda reflexão sobre a própria Instituição que a relativizaria... no entanto, já depois de bastante tempo, movimentos heterogêneos aí se manifestam. Subsistem, projetando, nesta heterogeneidade, uma rede de unidades parciais, um pequeno número de esquemas simplificados, mantidos em alguns bastiões, sem inocência, mas opiniáticos. Aí mesmo, sem dúvida, alguns conceitos evoluíram; uma parte do vocabulário se renovou; mas para o essencial, isto decorre deste discurso institucional moribundo, a reboque do cristianismo medieval, que não cessou de se deslocar sob a estabilidade da retórica. Sempre soberana, aparentemente, no centro de nossos horizontes, mas de fato marginalizada, a Instituição ou o que dela subsiste não é mais do que um gueto, ao mesmo tempo, um refúgio para aqueles dentre nós, os menos dotados de faculdade comunicativa, portanto os menos aptos a responder às exigências de um mundo transformado.

Todavia, a Instituição não provém assim de uma necessidade vital. Mas ao contrário (o observamos em outros setores da pesquisa), o pensamento criador se forma muitas vezes fora dela. A única necessidade verdadeira neste plano é a incessante redefinição que eu evoquei mais acima. É a retomada em causa, a todo instante, da relação existente entre a Idade Média e o medievalista, entre esse velho texto e o seu leitor erudito; é um questionamento do modo de conhecer ao qual, em 1979, pudemos pretender quanto ao objeto de nosso estudo. E essa interrogação contribui também para o conhecimento que teve de si própria a Idade Média e dos meios que pudemos nos dar para encontrar esse conhecimento.

Foi nesse sentido que eu falei de finalidade de nossos estudos, de engendramento de nossos discursos: entendo esses termos numa perspectiva pragmática. Talvez eu devesse dizer *ética*, relativa a qualquer relação recíproca e explícita entre o saber, o querer, o poder e o fazer. Relação que não saberíamos definir de uma vez por todas, menos ainda, fixar: a moral humanista tornou-se também estranha ao nosso universo como o são as estruturas econômicas do século XI. Perdemos este desejo utópico que conduzia nossos mestres, em cada uma das ações que eles empreendiam, reclamando para si o mundo de amanhã, ao evocar o ontem. Disseram: o futuro cessou de ser garantido pelo passado e nossos movimentos sociais, eles próprios são, de saída, afirmação de existência, aqui e neste momento.

2. QUESTÃO DE IDENTIDADE

Interrogações preliminares: o modo de conhecimento que se propõe a atingir o medievalista, particularmente o especialista dos "textos literários", é identificável como tal? De que maneira definir sua especificidade? Seu domínio de atividade constitui um campo epistêmico unificado por pressupostos analisáveis?

Distinguiríamos, sumariamente, entre os elementos de nossa situação de pesquisa, três variáveis: o próprio medievalista (que eu chamo "o leitor crítico"), aquilo que tem por finalidade ler e o método de leitura que mediatiza a relação assim estabelecida. Só o exame dessas variáveis – sua natureza e a amplitude de sua transformação – permitirá esboçar, pelo menos, respostas.

Em termos mais concretos: as características próprias de nossa disciplina provêm da qualidade (profissional?) daqueles que a praticam? Da linguagem que utilizam? Ou do ponto de vista que adotaram, isto é, do recorte que eles operam na continuidade do real? Provavelmente de tudo isso junto. Tradicionalmente provoca-se um curto-circuito nas dificuldades ao se definir um estudo pelo seu objeto. Mas hoje em dia não saberíamos mais, sem abuso, nos prender ao preconceito positivista que o objeto hipostasiava.

Tomo, de agora em diante, esses três fatores. Os dois últimos, mal dissociáveis, deverão ser discutidos juntos, e isso vai constituir o essencial deste livro. Quanto ao primeiro, por sua vez, por importante que seja, podemos ser mais breves.

É um truísmo (aliás, menos do que aí aparece!) declarar que a excelência da pesquisa tem a ver, em grande parte, com as capacidades intelectuais e a honestidade do pesquisador; com a validade de uma leitura, com a inteligência e sensibilidade do leitor. Nada negaria o efeito, a longo termo, que tiveram algumas vezes na sorte de nossa disciplina as qualidades pessoais eminentes de um ou outro erudito, que soube aí imprimir, por assim dizer, os traços do seu perfil. A obra do doce Auerbach, com grandes olhos de bondade tímida, marcou também uma geração, de outro modo mas não menos que a do brilhante Spitzer, grande conversador, seguro de si mesmo, adorado pelas mulheres... Citaríamos ainda outros nomes: o que faço é reanimar impressões às quais eu fui especialmente sensível, pela sequência do acaso de uma carreira; e de todos aqueles que eu conheci, prefiro só evocar os que já estão mortos. Apesar de isto aqui não passar de um curto relato. Aqui ou para além de seus dons individuais, cada um desses eruditos constituiu, e também cada um de nós, o ponto de convergência de determinações culturais que tanto foram (mesmo que pouco) conscientemente assumidas e assim fecundas como as que permanecem ignoradas, renegadas e cada vez mais perturbadoras. De todo modo, elas agem. Falando de Idade Média, eu só posso fazê-lo em relação àquilo que é meu lugar ao sol: lugar que também as exigências intelectuais do momento circunscrevem, como as condições sócio-históricas que as geraram.

Ao traçar, a título de exemplo, a história de estudo sobre a canção de gesta, H. R. Jauss mostra como as etapas aí foram desenhadas sucessivamente, na Alemanha, pelas preocupações ideológicas de alguns pesquisadores: no começo do século, Becker, que pôs em causa o paradigma evolucionista; nos anos de 1930, Curtius, desejoso de construir uma imagem unitária da poesia europeia, universalizou os valores retóricos; a partir de 1950, a influência do suíço Jean Rychner levava o problema ao das tradições orais, definidas segundo a escola americana de Parry; em 1975, enfim, A. Adler propunha ler o conjunto da epopeia medieval francesa como uma rede sincrônica, porém movente de signos que se referiam às contradições da sociedade feudal. Jacques Le Goff, por sua vez, construiu a história das variações que impuseram a Michelet, em sua concepção da Idade Média, as do acontecimento que ele vivia[1].

Tantos "lugares ao sol": tantas maneiras de se descobrir e de aí fazer sentir a incerteza. Não este lugar de "onde eu falo", como se dizia antigamente; ou pelos menos, num outro sentido, porque a própria incerteza já é um lugar.

Para recorrer ainda a outras palavras, girando em torno do mesmo caldo: só falamos bem daquilo que nos concerne pessoalmente. Daquilo que amamos? Toda relação que mantemos com um texto comporta um erotismo latente. Só o seu dinamismo coloca o leitor crítico numa situação comparável à do leitor ou do ouvinte medieval, cujo corpo estava comprometido com a recepção do texto, de maneira bem mais poderosa do que apenas pelas funções visuais ou auditivas.

É assim que o fator pessoal de nossos estudos se define como sendo, mais do que de outro modo, da ordem do desejo. Se meu discurso deve consistir em pronunciar sobre o seu objeto uma proposição "verdadeira", o que é,

---

1. H. R. Jauss, *Alterität und Modernität der mittelalterlichen Literatur*, p. 359-366; J. Le Goff, *Pour un autre moyen âge*, p. 19-45.

portanto (uma vez ultrapassada a fase erudita, e sempre contestável da pesquisa), esta "verdade", se não um acordo profundo, calmante, feliz entre o desejo que *me* leva rumo ao *meu* objeto, e a compreensão que *eu próprio* adquiro dele? *Minha* "verdade" me implica tanto quanto *meu* objeto – sem, por sua vez, e em nenhum momento, nos confundir, porque ela é apenas um lugar de transição: de mim para um outro, que o meu discurso torna verossímil, mesmo quando ausente; que ele coloca em mim e em você a quem estou falando, mesmo que permaneça definitivamente desvanecido.

Nada, no entanto, acaba aí e, ao andar, tropeçamos em mais de um escolho. Muitos falharam. O que num dia de nossa juventude nos fez partir em busca desse fugidio objeto, o texto medieval, foi um interesse por uma história passada: curiosidade, sem dúvida, mas também necessidade de um calor, lembrança de certa matriz. Ora, não voltamos, todos sabem, ao ventre do qual nascemos. Então sem nos dar conta, enganamos o nosso desejo, cedemos à tentação das antiqualhas. A erudição se torna um refúgio dos Édipos fracassados.

História e Prática

No estado atual de nossas ciências, seu objeto, já se tem dito e repetido, é resultado dos discursos que elas ligam ao seu propósito cujo alvo o recorta do bojo de um setor contínuo, mais ou menos vasto do universo: setor grosseiramente isolado *a priori*, em razão de contestações empíricas, sujeito a perpétuas revisões. Henri Poincaré dizia que "o método é a escolha dos fatos".

Ora, o objeto da leitura crítica é, ao mesmo tempo, texto e acontecimento. Como texto, materialmente identificável, como acontecimento, ele não é dado, mas escolhido. Esta escolha não pode ser inocente. Supõe a interpretação prévia e o interesse presente: mas nada é mais facilmente camuflado do que esses dois fatores. Nossa tarefa será a de torná-los manifestos, assumindo as consequências; colocando assim, sem equívoco, que acontecimento e linguagem daquilo que se diz definem-se reciprocamente. Juntos, eles constituem uma prática, processo e trabalho, elaboração de um saber, comportando um salto qualitativo, que faz passar de um estado relativamente passivo (a pesquisa: que o grego antigo chamava *história*), a uma operação dramática cujo resultado não pode ser senão o de nos fazer ouvir uma voz.

Esta voz, as pressuposições ocultas (na ordem da interpretação prévia ou de interesse presente) podem facilmente sufocá-la, no próprio momento em que ela iria perfurar o silêncio. Assim, a aplicação ingênua de noções tomadas de empréstimo, como a de "escritura", conduziu, nesses últimos anos, mais de um medievalista bem intencionado a desnaturar ou a caricaturar o objeto que ele acreditava reter. Por deixarem de se situar, eles próprios, na história desses textos, estes eruditos tomavam por unívoco e homogêneo aquilo que culturalmente condicionado só pode ser visto, em longa perspectiva temporal, como heterogêneo e ambíguo.

Outro exemplo: as distorções que para nós enfraquecem o valor da herança erudita, legada por nossos antecessores, provêm, de um lado, da própria ideia que eles conceberam de uma "literatura medieval" – designando, a partir de um termo derivado de *littera*, um conjunto de textos cuja transmissão foi principalmente, é preciso insistir, oral, fundada na proximidade da palavra, indestacável de seu lugar e do corpo do qual ela emana, não menos daqueles que a ouvem ao longo de uma duração temporal intermitente, de um tempo esburacado, no qual periodicamente se reforma um sentido, jamais idêntico a ele próprio.

Independente dessa contradição em termos, uma "literatura" só foi, e pouco a pouco, identificada como uma classe particular de discurso, a partir do século XVII. A noção se constituiu no bojo das tradições existentes, pela imposição de muitos esquemas de pensamento então novos e funcionando de maneira oculta como parâmetros críticos: a ideia de um "sujeito" enunciador autônomo, a possibilidade de uma percepção do outro, a concepção de um "objeto" reificado à pré-excelência conferida, à referencialidade da linguagem e, simultaneamente, à ficção; pressuposição de alguma sobretemporalidade de um certo tipo de discurso socialmente transcendente, suspenso num espaço vazio. Hoje sabemos que um tal discurso não existe mais, porém uma historiografia desprovida de efeitos textuais procura dar conta da realidade passada. Donde a geração de uma categoria imperativa, o "literário", promovida a portadora de valores que a Idade Média tinha atribuído, não sem indulgência, aos *auctores* antigos, conferindo-lhes, em seu nível, todos os fatores do saber.

Um campo tipicamente "moderno" se abria, ao mesmo tempo, à reflexão estética, à descrição estrutural e ao exame funcional. Aprofundando a operação, no sentido idealista, o romantismo tentava designar um "absoluto literário" nos próprios anos em que tomavam forma os estudos medievais[2]. Hoje, qualquer que seja a diversidade das orientações teóricas, nada desse conjunto conceitual escapa mais à problematização. Barthes, em sua lição inaugural do Collége de France coloca a "literatura" como um engodo que serve para tomar a linguagem para fora do poder na "grafia complexa dos traços de uma prática". Não saberíamos dizê-lo melhor.

Quantos medievalistas tiveram suficiente consciência disso? Certamente, o medievalismo dos mestres só entrou pela metade no sistema: ele permaneceu mais assim em sua guarda, fosse por motivos empíricos, ou sob a influência dos "neogramáticos", para quem tudo o que foi escrito possui o estatuto de testemunho linguístico bruto. Disso

2. T. Todorov, *Les Genres du discours*, p. 13-16; Ph. Lacoue-Labarthe; J. L. Nancy, *L'Absolu littéraire*, p. 27; sobre o conjunto dessas questões, cf. B. Mouralis, *Les Contra-littératures*.

resultou que, não importa qual texto copiado entre o século IX e XV, encontrasse, nessa condição, seu lugar, tanto na "literatura medieval" como na "história da língua". Esse pseudoprincípio comportou exceções jamais racionalizadas. Afastamos as peças de arquivo, como as atas de doação, mas não as obras de vulgarização destinadas a comunicar, para um público leigo, restos da ciência clerical. Além disso, daquilo que no próprio nível linguístico constrói a especificidade funcional dos textos, nada foi considerado.

O medievalista não permanecia menos refém de honra da instituição literária, no entanto bem assentada. Dissimulando para si próprio as incoerências de sua atitude, ele adotava as pressuposições da Regra: distinção de um dentro e um fora (oposição multiplicada ao infinito: popular *versus* erudito, paraliteratura *versus* literatura e o resto); ideia de um saber particular; tradição suprapessoal incessantemente enriquecida de descobertas e de julgamentos acumulados na eternidade do progresso.

Falar de "literatura", para os nossos mestres, significava declarar a conformidade consumada de nossos antigos poemas com aquilo que um letrado de boa cepa podia ler em Paris ou na Viena de 1900. A erudição orientada, sem o saber, escamoteava a História, para despertar um prazer de esteta, ademais não confessado.

E, no entanto, estes poemas conservados graças ao labor dos escribas não são para nós mais do que textos, nem uma outra coisa, provocando-nos, por isso, a confrontar os nossos modos de ler e de dizer com uma prática que não é mais a nossa. A palavra, assim, circunscreve em nós um não lugar. Mas destas contradições ninguém cuidava, por volta de 1950 ainda, salvo, talvez o grande Don Ramón, este venerável Menendez Pidal cuja voz solitária, já alquebrada na época em que eu despertava para esses problemas, falava-nos de uma história totalmente poetizada, de uma poesia impensável de outra maneira que não como história.

Nas duas extremidades da corrente, em um lado o cantor Taillefer ou o autor de romance Chrétien de Troyes, e vocês e eu no outro. Mais ainda: de uma parte, o modo pelo qual foram recebidos e consumidos pelos guerreiros de Hastings a *Chanson de Roland* (pouco importa que o episódio seja duvidoso); o *Chevalier au lion* pelos senhores e damas agrupados diante do saltério de um leitor; por outro lado, na minha leitura e naquela que, como mediador, eu os convido a fazer. Entre esses dois extremos o texto: historicizado enquanto palavra pronunciada nos séculos XI ou XII; mas enquanto combinação formal, de certa maneira trans-histórica: perceptível tanto na verticalidade das cronologias como nesta horizontalidade transcultural.

Diversifica-se a ideia de uma prática, aqui como lá, da produção à recepção pela própria comunicação, dialética mesmo, inversamente simétrica, de uma ou de outra fatia da história: mais uma vez estou em vias de simplificar: com raras exceções, são duas comunicações, não uma, e de natureza diferente que observamos a cada extremo da distância cronológica:

1. comunicação (portanto produção e recepção) original (geralmente fora do alcance de nosso olhar),
2. comunicação mediatizada I (produção e recepção do ou dos manuscritos), [espaço cronológico, geralmente muitos séculos, no curso dos quais pode intervir um número indeterminado de comunicações sócio historicamente diferentes dos números 1, 2, 3 e 4],
3. comunicação mediatizada II, (produzida pelo erudito, recebida por uma clientela especializada) (fase típica do ensino),
4. comunicação colocada sob forma consumível hoje (tendo em vista uma recepção por parte de todo indivíduo interessado).

Não são três termos, mas pelo menos doze que entram em conta, cada um deles comportando suas próprias variáveis, isto é, sua própria maneira de ser histórica.

O ideal seria tomar no fato, em cada uma das etapas constitutivas, segundo meu esquema, a tradição da prática de um texto, o ato completo que produziu, ao mesmo tempo uma intenção, uma palavra, um efeito de significação própria, uma resposta. Todos estes termos apresentam, eles próprios, uma grande complexidade, pré-determinados que são no discurso social e por fatores ideológicos. Os críticos alemães da *Escola de Constança* falam hoje, neste sentido, de "concretização" e colocam que o sentido de um texto se define como a sequência histórica de suas concretizações. Tratando-se de textos medievais, esta sequência histórica é cheia de claros! Caso de documentação insuficiente; de fato a maior parte das linhas de nossos diagramas só pode ser pontilhada. Para nós medievalistas fica a necessidade de manter duas afirmações de princípio, a favor e contra todas as aparentes impossibilidades: 1. todo texto pressupõe a existência de uma longa série de relações interpessoais dialógicas, sem dúvida bastante móveis, articuladas ao longo do tempo, a partir desse texto; 2. é pelo viés destas relações que a história se implica no debate.

Esta exigência não deixa de complicar o trabalho de erudição. Que podemos aí? Assim, alguns textos mais ilustres da Idade Média, o *Cid, Flamenca* ou a *Chanson de Guillaume d'Orange* nos chegaram apenas através de um manuscrito único, muitas vezes incompleto ou de má qualidade: por que viés entrever o que podem ser as concretizações sucessivas? Esta dificuldade, nos casos extremos, termina por levantar dúvidas sobre a própria autencidade do texto. Os eslavistas brigam ainda por causa do *Dito do Príncipe Igor*.

É verdade que às vezes a sorte nos sorri. Durante os anos de 1950, Stern e depois Garcia Gómez descobriram para nós toda uma poesia andaluza dos séculos XI, XII e XIII, até então perdida nos manuscritos hebraicos ou árabes e de cuja existência alguns especialistas audaciosos apenas presumiam vagamente. No entanto, o medievalista italiano L. Renzi, sonhando com nossa documentação textual pôde, há quinze anos, comparar o grande período francês de 1150 a 1200 a uma cidade abandonada cujos habitantes deixaram sujeita a todos os danos do tempo e de que não subsistem mais que algumas faces de muro, monumentos arruinados... Esta visada peca por excesso de pessimismo. Mas ao menos ela nos sugere equiparmo-nos mais como arqueólogos do que como turistas: munidos de instrumentos manuais e intelectuais bastante delicados, permitindo perceber para onde se dirigia a curva hoje partida, que horizonte designava o pendão da flecha esculpida que você acaba de catar entre as moitas.

Quando um texto foi identificado, publicado, situado grosseiramente na crônica, problemas análogos se colocam em outro nível. É tentador (e eu acho hoje necessário) tomar de empréstimo (a fim de esclarecer o funcionamento dialógico que supomos) os recursos críticos da psicanálise. Mas (a experiência cansa de prová-lo) nada se resolve verdadeiramente por aí, na falta de esclarecimentos quanto a um ponto primordial: mesmo que admitamos que o inconsciente humano tenha sempre funcionado de maneira quase idêntica, não teria podido a história, na escala das longas durações, deslocar a zona incerta e os limites em que a consciência se enraíza no inconsciente, opondo-se a ele? O lugar de onde emergem os sintomas?[3]

O Outro

É assim que depois de poucos anos se coloca o problema fundamental da alteridade da Idade Média, a que já fiz alusão mais acima.

Nada pode compensar, de verdade, a distância cronológica que separa o medievalista de seu objeto. Este fato traz pesadas consequências. Em mim, por um lado e por outro, no objeto para o qual tende meu desejo, duas realidades

3. H. R. Jauss, Esthétique de la réception et communication littéraire (manuscrito); S. Friedlaender, *Histoire et psychanalyse*, p. 12-14 e 159; cf. L. L. Whyte, *The Inconscious before Freud*.

históricas se confrontam irredutíveis, a despeito das semelhanças especiosas. Duplicidade radical que (se acompanhamos Jauss) fundamenta o próprio interesse e, para nós, o proveito dos estudos medievais: a constatação da alteridade da Idade Média (definível tanto no eixo das durações como das estruturas) provocaria em nós a percepção de uma identidade, da qual ela explicita os componentes.

Visada otimista esta, que talvez simplifique, mesmo que pouco, os dados do fato. *Alteridade* que se refere a situações diversas, quaisquer que sejam as ressonâncias hegelianas e que se pode interpretar de várias maneiras, da perspectiva de uma história longa, mas contínua ou na de uma rachadura entre dois fragmentos temporais: esta fissura, mitificada, tomou para os medievalistas do século XIX o nome de Renascimento...

Mais geralmente, pode-se distinguir uma alteridade absoluta produzida por toda confrontação entre um sujeito e um objeto: pertence à ordem do existencial e não é isso que está em causa aqui. Ela se sustenta; no entanto ela pode ser dramatizada pelas circunstâncias. Para o historiador ou o etnólogo (o medievalista tem a ver com um e com outro), ela se manifesta tanto como alteridade radical, excluindo todo o sentimento de pertença comum, e como alteridade relativa, convidando à tradução, gerando o desejo de aprender a linguagem do Outro ou, para retomar uma expressão de Jean Massin, do Estrangeiro.

Neste sentido, a alteridade da Idade Média é mais relativa do que a do mundo primitivo ou, para os ocidentais, o da China arcaica. Nossa Idade Média engloba um passado próximo e distante ao mesmo tempo; estrangeiro mas vizinho: não está aí uma definição tradicional de "próximo", aquele que de vez em quando exploramos e amamos? Donde uma tendência a idealizar esta idade "média" bem mais forte e eficaz porque melhor enraizada numa sensibilidade coletiva difusa, diferente da que tem o egiptólogo para idealizar o império de Amenofis ou o etnólogo a sociedade dos

Trobrians. A Idade Média pertence à *nossa* história: ela *nos* pertence de um modo muito especial porque biológica e culturalmente descendemos dela em linha direta.

Em se tratando de princípios metodológicos resta o fato de que não há como proceder a esta dosagem. Todo texto que emana de uma época *antiga* deve ser recebido de modo primordial, bem como produzido por um universo do qual não temos nenhum meio de participar. Toda analogia entre este universo e o nosso (até a prova explícita do contrário) deve ser tida por ilusória – o que não quer dizer que não haja analogias pertinentes.

Resta-nos uma questão duvidosa: o que é mesmo o *antigo*? A partir de que distância a Antiguidade gera a alteridade histórica? A este respeito discussões sem fim poderiam se instaurar. Os ritmos da história, sabemos a partir de Braudel, não têm todos a mesma amplitude. No entanto, o caso de nossa Idade Média é, em geral, menos discutível do que o seria o do século XVII francês. A despeito de algumas sobrevivências marginalizadas em nossos costumes, estabeleceu-se um consenso entre nós para declarar antiga a Idade Média. Para o medievalista resulta privilegiar, na consciência que toma de seu objeto, as marcas da distância que os separa.

No entanto, não é o sentimento de alteridade como tal que funda o interesse, mas a relação que, impedindo toda identificação falaciosa entre o sujeito e o objeto, ele instaura entre o Estrangeiro e *nós*. Quanto mais fortemente esta relação nos implica, cresce o nosso interesse, a ponto de um dia comprometer nossa existência inteira. Mas o poder desta relação depende tanto ou mais da vontade dos indivíduos (aqui os leitores críticos) de uma situação sócio-histórica. Não creio me equivocar quando digo, em 1979, que a Idade Média, do ponto de vista de nossas práticas sociais e de nossas ideologias, é mais atual do que o era em 1879.

Donde, talvez em parte, o desconforto de nossa posição. Unindo à distância cronológica a aparência de um laço antropológico estreito com o observador de hoje, o campo de estudos medievais comporta um perigo que apenas começamos a pressentir: a facilidade enganosa com que um *déjà-vu* se deixa amordaçar, à nossa porta, atolar-se em nossas semelhanças. Ora a (única?) chance de sobrevivência de nossos estudos reside numa colocação de questão referente à proximidade do medieval; não para afirmar aquilo que resta, visível a Sirius*, à evidência, mas a fim de fundar um interesse por este *déjà-vu* enquanto tal. Às vezes nos esquecemos disso no entusiasmo de tentações renovadoras.

Estes termos colocam um problema de interpretação, não totalmente dessemelhante daquela que o século XIII, em conformidade com suas próprias tendências intelectuais, resolveu em sua leitura de Aristóteles. Isto exige que passemos por cima de preconceitos (às vezes mal identificados) formados na época em que se constituiu nossa disciplina, por analogia ou contraste ingênuo, com a ideia que o século XIX tinha de si próprio. Não podemos deixar de levar em conta o alto grau de semioticidade de uma cultura – a da Idade Média – que se pensou como uma imensa rede de signos; nem o fato de que o caráter convencional da arte medieval implique uma compreensão quase platônica da procissão das Semelhanças, peregrinando da Identidade absoluta à Alteridade perfeita; nem que, ao abrigo desta tradição, o ritmo da história tenha sido rápido durante os séculos XI, XII e XIII, contrariamente a uma opinião bem difundida; e o dinamismo desta civilização, talvez mais poderoso do que deveria ser nos séculos XVI e XVII; nem, enfim, foi menos um retardo tecnológico que caracterizou este período do que sua ignorância do estatuto científico das matemáticas... multiplicaríamos facilmente tais exemplos[4].

---

*. Alusão ao conto *Micromegas* de Voltaire em que um habitante da estrela Sirius observa a vida na terra (N. da T.).
4. M. Corti, Structures idéologiques et structures sémiotiques au XIIIe s., *Travaux de linguistique et de littérature*, XVI, 1, p. 93-105; P.

A cada momento de nossa leitura, assumimos duplamente o primado da história: na medida em que esta palavra designa um processo, um modo de ser e de significar acontecimentos e estruturas; e em que ela designa um modo de percepção e de descrição do vivido implicado em nosso presente... O perigo que nos espreita aqui (que as primeiras gerações de medievalistas raramente evitaram), seria reduzir estes termos, de um lado a uma simples sequência de acontecimentos, de outro a um discurso da Escola dos Anais. Ao menos, mesmo que uma ilusão metodológica o impelisse às vezes a negar a história, quando do exame dos textos, não se abole por aí o "meio natural" num sentido próximo ao que temos de ecologia, tudo aquilo que no curso do tempo foi dito, escrito, ouvido e lido: meio que ao mesmo tempo permite ao homem (ao texto) viver, e contra a ameaça do qual ele se faz. Assim, também a história, como as outras ciências humanas, funciona hoje em dia entre nós à maneira como os mitos nas sociedades tradicionais. E daí não se sai.

À nossa situação, falta clareza, é verdade. Não somos leitores críticos totalmente isolados, inteiramente livres da concepção romântica, segundo a qual a história é fundamentalmente história da cultura, no sentido restrito do termo. No entanto, nossos confrades historiadores das instituições e dos costumes operam, sobretudo a partir de agora no campo dos dados socioeconômicos; e tanto a solidez de sua informação como a amplitude dos problemas que enfrentam, permitiu a muitos deles ocupar uma posição central no horizonte de nossas preocupações: Duby, Le Goff na França, Tenenti, Cipolla na Itália, John Baldwin nos EUA. Entre eles e nós, leitores de textos, interpõem-se ainda demasiadas ignorâncias recíprocas e mal-entendidos que vale superar, sem por isso cair na pretensão cientificista.

A partir daquilo que, na leitura crítica (não menos do que no exercício de muitas outras disciplinas), escapa à

Haidu, Repetition: Modern Reflections on Medieval Esthetics, *Modern Language Notes*, 92, p. 875-887.

formalização ou à medida precisa, não é corrente ouvir dizer: "isso se explica historicamente!" A história é então invocada como substituto de um utensílio que, pregando de uma vez por todas o "objeto" sobre a sua prancha, cortou o laço entre ele e eu? Isto não é proclamar inocentemente a irredutibilidade da história?[5]

A Dupla Historicidade

Mais ainda, não há mais nem discurso histórico nem discurso científico. O que houve, no "correr dos séculos", foi uma longa série de discursos, projetando no universo esquemas sucessivos gerados por nossas culturas e circunstâncias que os determinaram. O romantismo, ao qual nos prendemos ainda por tantos laços, formou (talvez por cansaço das velhas utopias) a ideia de encaminhamentos cíclicos que justificaria compararmos a *Chanson de Roland* com a *Ilíada*: A. B. Lord, o fez de novo hoje, mas a partir de premissas e numa intenção bem estranhas ao romantismo, no curso de uma enquete sobre o funcionamento sociológico e *poético* da "epopeia viva". Claramente ou não, o menos que possa assim tentar, cada geração, para assegurar sua sobrevivência, é ligar alguns de seus próprios conceitos a esses discursos que ela mesma não pronunciou[6].

Desta perspectiva o que é um "fato"? Já se escreveram livros como J. Parain-Vial há treze anos sobre este tema. É possível nos perguntarmos se essa noção, da qual se apropriaram nossos positivistas, não provém da degradação progressiva de uma grande ideia medieval, que se vê formar-se desde a época carolíngia, em Scoto Erígeno: a história é um ser, este ser possui uma forma e esta forma é figurável. Uma emanação do Ser viaja através das formas, redimindo

5. Cf. W. Stempel; R. Koselleck, Geschichte, Ereignis und erzälung, *Poetik und* Hermeneutik, 5.
6. H. White, *Metahistory: The Historical Imagination in Nineteenth Centure Europe.*

o caos: donde as tradições pelas quais elas se manifestam, a escultura monumental, os livros "historiados", alegoria... O que permanece da densidade ontológica dessas formas em nosso "fato histórico", conceito tão frágil que arrasta a vau o de causa? As próprias entidades como *Estado, povo, nação, literatura, cultura, obra*, que nos servem a situá-los e dar-lhes sentido, constituem mais problemas do que dados; e todo problema hoje é, por sua vez, um dado de um problema mais complexo que ele engloba.

É, portanto, menos sobre a história como tal que convém acentuar do que – tratando-se do leitor e de seu objeto – de suas historicidades respectivas[7]: ideia que se anunciava já (contra Croce?) por volta de 1930 entre os fundadores dos *Anais* e colocava a reciprocidade de nossa relação com o passado. A ideia de historicidade, referente à qualidade específica de ser na história ao mesmo tempo que de ser-história, implica alguma apropriação do real: ela se manifesta como situações-chaves, etapas significantes no itinerário que conduz o homem a esta apropriação; situações que, por vezes, podem ser apenas a realização contingente e pontual de um possível inscrito no tempo.

A historicidade é o traço que, no estudo das culturas antigas, na leitura crítica de textos antigos ou medievais, caracteriza simultaneamente, mas em separado e de modo diferente, aquele que leu e aquilo que é lido. Que o leitor tome ou não consciência desta marca, não muda nada nesta situação. Se admitimos, com os semioticistas de Tártu, que a história é um texto que se comunica, fazendo reagir aí o corpo social, a historicidade situa-se tanto nesta leitura como na produção de frases novas que ela gera[8]. A intervenção da alteridade dissocia mais ou menos esses termos, torna-os complexos ao heterogeneizá-los.

Na leitura crítica que o medievalista faz prendem--se, assim, sem fundir-se, duas historicidades. Mesmo

7. D. Patte; A. Patte, *Pour une exégèse structurale*, p. 18-20.
8. B. A. Ouspenski, Historia sub specie semioticae, em Y. M. Lotman; B. A. Ouspenski, *Travaux sur les systèmes de signes*, p. 141-151.

que toda interpretação do espaço se faça a partir daqui, aquela outra, a partir do *eu*, inversamente a ilusão de antiquário que levaria a dizer o passado de outra maneira que não a partir de *agora*, tornaria caduco e vão aquilo que teríamos pela sua interpretação[9]. Eu próprio, em alguma medida, pareci ceder a essa ilusão, insistindo muito fortemente em meu *Essai de poétique médievale* (Ensaio de Poética Medieval) na função exercida pela tradição na Idade Média: de um lado, com efeito, a historicidade dos textos medievais não poderia se reduzir a isso; e por outro, como, no século XX, nossa própria historicidade nos permite ler esses textos enquanto tradicionais?[10]

Navegamos entre Scilla e Caríbide. O último termo em que nós queremos atualizar o texto antigo, isto é, integrá-lo a essa historicidade que é a nossa. Os escolhos são, ao fazê-lo, negar ou apagar a sua: esmagar a história, oferecendo uma figura acrônica ao passado, ocultar os traços específicos do presente. São estes escolhos mesmos, por exemplo, que soube evitar Eric Rohmer em seu *Perceval*, onde o artifício declarado gera uma espécie de segundo natural ao qual temos acesso de chofre; de onde o inacabamento fortuito do texto medieval inspirador encontra-se funcionalizado numa sequência última, imediatamente significativa para nós. Jacques Roubaud e Florence Delay conseguiram, num tema próximo, um milagre semelhante.

Na prática intelectual medieval, as estruturas de pensamento que constituíam as artes liberais asseguravam eficazmente o recorte do real empírico, determinavam o acontecimento, designavam o fato ao mesmo tempo que fundavam nele a interpretação. Não levar em conta esse dado seria tão absurdo quanto permanecer aí, como muitas vezes tantos o fizeram. As artes liberais só existem para nós: as ciências humanas, finalmente as substituíram.

---

9. T. Todorov, op. cit., p. 47-82.
10. P. Y. Badel, Pourquoi une poétique médiévale?, *Poétique*, 18, p. 259-263.

Outros acontecimentos, outros fatos, outros fatores de interpretação: cabe-nos a pesada tarefa de traduzir.

Interpretar, explicar: é investir de sentido um objeto. Um texto, sobretudo se ele é antigo, pode esquivar-se dessa operação. Cabe-nos encontrar a entrada, talvez caiba a nós seduzi-lo, mas isso não autoriza ninguém a pretender que o texto queira dizer tudo. A cada instante de sua duração, enquanto ele subsiste materialmente, o que ele diz é apenas uma visão nova, apropriada por leitores sucessivos daquilo que no começo ele declarou. Toda a hermenêutica de Dilthey a Gadamer e a Paul Ricoeur girou em volta desse problema[11].

Linguagem e História

A inserção de um texto na história não esgota suas faculdades de significância. Evoquei acima a movência das relações dialógicas estabelecidas em e a propósito de tal texto ao longo do tempo. O problema comporta outros dados que provocaram, por volta de 1975, várias discussões críticas quase sempre a propósito de monumentos "literários" posteriores à Idade Média. Certamente, o que se diz não importa que texto, aplica-se também, em princípio, ao texto medieval: pelo menos, parece; e podemos, eu penso, afastar a ideia de uma diferença de natureza. Pelo menos as diferenças, ao nível das modalidades, são tais que não saberíamos, na prática da leitura, nos apoiar sem imprudência nas semelhanças.

O objeto de nosso desejo crítico é um texto ou um conjunto de textos de que emana (devemos admiti-lo *a priori*) um número imprevisível de valores. As questões históricas que se colocam a seu propósito apresentam mais coisas desconhecidas do que aquelas que seriam relativas

---

11. T. Todorov, op. cit., p. 45; Ph. Lacoue-Labarthe; J. L. Nancy, op. cit. p. 26; M. Charles, *Rhétorique de la lecture*, p. 10-15.

à historicidade das formas plásticas ou musicais. O monumento textual, de fato, é monumento de língua.

Com certeza, o estudo da "literatura medieval" não cessou há um século de estar ligado à linguística – a preço, é verdade, de muitos mal-entendidos e de singulares simplificações. No tempo sereno de um Gaston Paris, os "neogramáticos" retraçavam a história de fatos atomizados identificados com um real indiscutível. Voltarei a esta influência, perniciosa a longo termo, que eles exerceram sobre nossa disciplina. Para eles a língua era apenas um agregado. Quando Bédier ainda vivia, Saussure inverteu a perspectiva, e ele o fez rejeitando a história. Mais recentemente, conhecemos o otimismo ilusório que, tomando a linguística por ciência-piloto atribuiu-lhe (sem que os próprios linguistas pudessem ser tidos como responsáveis) uma função modelizante relativa a toda ciência do homem. Este momento já passou. O que fica são alguns princípios quase assegurados:

1. o funcionamento textual não é idêntico ao da língua; no entanto, ele se prende a ela;
2. o texto preenche um espaço, atualiza as virtualidades a respeito das quais o ato linguístico permanece em retiro;
3. a língua opera no texto como no inconsciente, por deslocamento e condensação;
4. a informação estética, no entanto, passa pela codificação da mensagem;
5. o texto é enunciado; a história está à parte da enunciação; e acontece que para nós, voltados para os textos antigos, só esta parte cai sob a descrição, isto é, sob o *sentido*.

Convém aqui atenuar certas afirmações de meu *Essai de poétique* onde, por volta de 1970, eu afirmava, sem muitas nuances, que a poesia medieval, como toda poesia, longe de imitar o real, toma-se a ela própria por objeto. A ideia deste perfeito autotelismo teve longa repercussão. Permanecem duas evidências: a relação primária que o sujeito mantém com sua linguagem e, inversamente, se encontra alterada pelo investimento ideológico praticado no texto; além disso, os textos um a um, bem como a coletividade dos discursos reais, voltam para a língua, e por esta, para a história a ponto de se confundir, na longa distância, com elas.

Mas antes que pudesse ser oferecida uma descrição de qualquer dessas antinomias, surgiu uma interrogação que determinará todas as operações vindouras: que lugar une reciprocamente linguagem e história? Interrogação fundamental (mesmo quando a especificamos em termos tais: texto e história) porque ela concerne a todo domínio da erudição, à totalidade de nossos pressupostos epistemológicos.

Poderiam me acusar de dramatizar. Uma certa tradição crítica, com efeito, tende a reduzir o alcance dos termos assim colocados. Nos perguntamos com bonomia: este laço é ou não imediato? Assim, entre os medievalistas, na abundante literatura de glosa sobre o tema: canções de gesta e história; ou: cátaros e trovadores.

Os procedimentos simplificados de uma certa sociocrítica, com efeito, caem mal para este real fugidio, enterrado nas línguas das quais não possuímos nem mesmo todas as chaves. Forçoso é, certamente, admitir a existência de correspondências (a definir) entre o texto e seu contexto histórico: essas correspondências são mais evidentes nos textos narrativos em que o fator de verossimilhança os transforma em homologia, reproduzindo alguns aspectos do real extratextual. Porém, menos do que essas nuances, o que importa é a natureza das correspondências e o nível em que elas funcionam. A magistral experiência de Erich Köhler é representativa: para ele, a análise das correspondências põe em causa macroestruturas textuais e esquemas imaginários identificados com uma ideologia; o romance cortês aparece assim como a projeção compensatória na tela da linguagem de um tipo de sociedade definido a partir deste mito... Mas as microestruturas, parece-me, revelam, nos mesmos textos, uma invasão do discurso pela temporalidade, por um dinamismo perceptível a todos os níveis da língua e de onde procedem mudanças, transformações, dispersões, no espaço e na duração. Ora, na mesma época, floresceu a poesia cantada dos *trouvères*, mantendo, ao contrário, um discurso acrônico, circular, centrípeto. Donde, entre essas duas séries, tensão ou contradição, definível rente ao texto e que daí se irradia, abarca toda a perspectiva do que é dito, daquilo que falamos e das circunstâncias que o sugerem.

Imediato ou não, o vínculo do texto com a história só conta o que é mediato, o conhecimento que temos deste laço; duplamente mediatizado pelos objetos que isola e pelo discurso graças ao qual ele constroi. Nenhum desses elementos é exterior à linguagem: o lugar da interpretação se encontra no âmago desta, não num querer dizer anterior, nem numa referência para além.

Profissão delirante a nossa, como o qualificou Valéry: o real que suporta e finaliza nossa prática é conduzido por uma zona interdita onde não nos engajaríamos sem perder as razões de nossos discursos[12]. Cabe-nos compreender a admirável complexidade do que existe, a saborosa interpenetração de todos os valores e, desejamos dizê-lo, sem deixar este pequeno fim de terra onde temos os pés, entre as marcas das palavras que um outro, já há séculos, pronunciou para a sua realização talvez, e para a nossa alegria.

As limitações criadas por essa situação só se manifestaram numa época recente. Ora, para os medievalistas (e tantos outros!) elas se definem de duas maneiras simultâneas: como exigência de uma reflexão (pelo menos de uma larga e sólida informação) sobre os funcionamentos da linguagem; e como a necessidade de um conhecimento aprofundado das línguas medievais. A segunda parece sustentar-se (e permaneceu por muito tempo a única que nós reconhecemos); a primeira não serve a todos, mas de algum modo funciona... Donde a enormidade da tarefa preparatória que acompanha a leitura crítica do medieva-

---

12. Cf. J. C. Milner, *L'Amour de la langue*, p. 44-45.

lista. Talvez devamos a esta situação o atraso que tomaram nossos estudos em relação à crítica dos textos modernos, bem como a outros setores da história da Idade Média. O historiador das instituições feudais ou da escultura românica não partilha o desconforto de nossa posição: a escuta do discurso que nos liga a um outro invisível, estendido atrás de nós em qualquer leito de morte (algum divã) de que ignoramos o lugar exato; tentando depreender entre os fantasmas desse desconhecido o eco da voz que em algum lugar, tateia, se esmaga contra o mutismo do mundo, retoma e infla... O mundo, ele próprio, não tem voz nem linguagem, o mundo é o Outro da linguagem. No entanto, o sabemos aí presente, pesando, imiscuído em todas as articulações que nosso ouvido transfigurado percebe.

Horizonte de Espera

É preciso enviesar. Um ataque frontal se arrebentaria contra o muro do texto. Talvez uma das argúcias dessa estratégia resida num recurso à noção de teatralidade do texto medieval, que propus em 1972 e que serviu de ponto de partida a meu estudo dos Grands Rhétoriqueurs*. Essa noção permite, com efeito, integrar ao próprio texto e, sob pelo menos um de seus aspectos mais diferenciados, o "meio natural" que foi o seu. A análise interna recorta, assim, numa zona muito ampla do real concreto submetido ao estudo, a análise de seu funcionamento social.

O ponto de vista que adotei prende-se de perto, na minha intenção, àquilo que sugerem os trabalhos alemães da escola de Constança sob o nome de "estética da recepção". Ele tenta perceber, no texto, um homem não certamente como objeto do saber, porém como causa, efeito e circuito de toda a significação; e através dele, um existente socializado, lugar de formação de produtos não atomizáveis, elementos energéticos, movimento e troca perpétuos[13].

Está aí, e falta pouco, a operação que recomendava outrora, numa outra linguagem, Mukaróvski, quando definia a função estética da obra como um princípio vazio organizando e dinamizando as outras funções da linguagem. Esta função estética ou poética, como se define em torno de Jauss, constitui-se ao preço de uma negação das outras, sem, no entanto, destacar sua visada do real assim negado. De sorte que, o vivido estetizado transcende e desborda a situação pragmática original: ultrapassagem que outros tentaram medir, mais precisamente, nos termos de um marxismo fortemente hegelianizado[14].

Devo sem dúvida, nesse ponto, algumas palavras de explicação àqueles entre os meus leitores que há um quarto de século seguiram meus trabalhos. Eu, de fato, girei muito em espiral em torno desse pote – e longe de mim a ilusão de o haver enfim tocado. Meu livro *Histoire littéraire de la France médiévale* (História Literária da França Medieval) (1954) colocava o princípio de uma relação estreita entre texto e fora do texto; incapaz de defini-la, pelo menos eu admitia que só ela permitiria uma classificação dos textos. *Langue et techniques poétiques* (Língua e Técnicas Poéticas) (1963) deixava implícitas estas relações e tentava perceber o modo de existência dos textos no seio de uma língua considerada enquanto devir. No *Essai de poétique* (1972), eu definia mais explicitamente esta língua matricial como estrutura e como gênese ao mesmo tempo; mas a solda entre esses dois temas de argumentação, parece-me cair mal; donde um balanço incerto de um a outro que poderíamos

---

*. Grupo de poetas áulicos que representaram uma importante transformação social e poética, no século xv. O autor estuda este grupo em seu livro *Le Masque et la lumière*. (N. da T.).

13. T. Reiss, Archéologie du discours et critique épistémologique, em P. Gravel, *Littérature et philosophie*.

14. H. R. Jauss, Esthétique de la réception littéraire; cf. O. Brunner; W. Conze; R. Koselleck, *Geschichtliche Grundbegriffe*.

interpretar como estruturalismo ortodoxo, apenas temperado. *Le Masque et la lumière* (A Máscara e a Luz) (1978) ofereceu-me a ocasião de tentar ultrapassar esta aporia, afastando, por um lado, toda ideia de causalidade; por outro, esforçando-me para discernir, em diversos níveis de enraizamento, as relações mantidas pelos textos em questão, de maneira externa com a crônica, de maneira intrínseca com os fatores de sua historicidade e de maneira dinâmica com o futuro, na medida em que podemos dizer que, por sua vez, eles geraram história.

Ficamos ainda longe da conta. O que então em seguida? Talvez um longo desvio pelo estudo dos tipos culturais muito radicalmente diferentes para excluir todo traço de etnocentrismo conceitual e, a sorte ajudando, fazer saltar alguns ferrolhos...

Ainda uma observação: no *Essai* de 1972, um certo formalismo gramatical tinha-me levado a rejeitar a noção de "gêneros", e, para preencher este vazio, confeccionei uma tipologia dos textos medievais fundada nos seus modos de produção e comunicação. Não renego essa tentativa, embora ela peque por excesso de sistematização. É indiscutível que o conceito de "gênero", mesmo resultando de uma interpretação tardia e, eu penso, abusiva de Aristóteles, não tenha nenhuma utilidade para os medievalistas. E mais: ele traz em germe as causas de erros graves, tanto na definição e colação de textos como em sua compreensão. Poderíamos conduzir a lista das contraverdades esmaltando, por esta única razão, os melhores estudos publicados por volta de 1950, muitos dos quais contaminam, ainda, manuais e obras de vulgarização. Assim, a ideia de que um ou outro gênero se dirige especificamente a uma classe social (os *fabliaux*, a farsa são destinados ao "povo" etc.); donde as oposições impossíveis de manter entre a "poesia cortês" e a "literatura burguesa"... Ninguém hoje pode levar a sério essas taxinomias.

Não é menos verdade que toda levada em conta da história exija, a fim de ultrapassar a dispersão na multiplicidade do concreto, a intervenção de critérios de reagrupamento; e de critérios tais que permitam, pelo menos particularmente, reter a historicidade de cada texto. Os raros letrados ou praticantes do século XIII, que não ignoravam este problema, tiveram a ideia de uma finalidade própria a certas formas linguísticas. De Ramon Vidal a Bruneto Latino e a Dante esboça-se, assim, uma tradição crítica, excessivamente sumária, é verdade, para responder as questões que hoje nos colocamos.

Na perspectiva que desenhei acima (e depois de ter colado em nossas memórias toda lembrança classicizante) não conviria admitir que existem realmente classes, seja classes de classes, que constituem um conjunto, de maneira, talvez, pouco sistemática, mas empiricamente eficaz, uma instância de mediação entre a infraestrutura social e as superestruturas ideológicas? Um mecanismo regulador em vista da harmonização de diversas experiências na qual se apreenda o universo contingente? Aí está uma concepção difundida hoje entre diversos críticos e medievalistas alemães: os "gêneros" (se queremos conservar esta velha palavra dessubstancializando o seu conteúdo), na ordem funcional histórica, esboçam-se uma projeção textual da instituição social; no fundo, significam uma "orientação da espera", como o exprime Jauss, designam os lugares da semiose coletiva[15]. Tocamos aqui num dos centros nervosos de nossa disciplina.

---

15. H. R. Jauss, Littérature médiévale et théoria des genres, *Poétique*, 1, p. 79-101; E. Koehler, Gattungsgeschichte und Gessellschaftssystem, *Romanistische Zeitschrift*, I, p. 7-22.

3. A HERANÇA ROMÂNTICA

A natureza e urgência dos problemas que tento enunciar assim (em termos bem sumários, eu o sei), prendem-se à nossa desconfortável situação de leitores medievalistas, acuados e ameaçados de atropelamento entre muitas filas de carros, no cruzamento para onde confluem a crítica moderna dos últimos vinte anos, a tecnicização crescente das ciências humanas, e a história limpa de nossa disciplina.

Já em muitas retomadas fiz alusão a esta última. Convém retraçar-lhe as grandes linhas, ao menos, para arranhar um pouco este "verniz de falsas interpretações sedimentadas ao longo de séculos" e que encerram, como escrevia Adorno, a obra numa esfera de tradição[1].

Que os estudos medievais fossem inicialmente uma das manifestações do romantismo (não me interrogo sobre a causa nem o efeito), isto teve por consequência

1. M. Jimenez, *Adorno: art, idéologie et théorie de l'art*, p. 318.

inscrever profundamente, na doutrina dos medievalistas do século XIX, um pequeno número de pressuposições, cujo rigor se constata, em alguns lugares, ainda hoje. Esquematicamente, distingo quatro.

A primeira emerge, no discurso crítico, da noção de origem, qualquer que seja a palavra que a restitua. Fascinação por um passado destemporalizado – apesar de o termos recortado de todo interesse vivido –, que compeliu historiadores (e também etnólogos como Frazer) à acumulação de um saber imenso: extraído do momento em que se opera sua pesquisa, este saber serve de material para reconstruir um universo longínquo e tão pouco concreto que só um termo genérico vazio fica apto a designá-lo: nossa "Idade Média" ou "o mundo primitivo". Tempos míticos, cuja imagem faz referência a alguma pureza arquetípica, jamais claramente conceitualizada, pano de fundo inacessível sobre o qual flutuam vagas convicções pré-textuais. No começo eram o Bom, o Belo que a duração degradou. Citaríamos aqui, como exemplo, as primeiras pesquisas sobre a epopeia e, mais geralmente, uma visão evolucionista da história dos textos: repousando na crença de uma continuidade materialmente ininterrupta, numa repugnância espontânea para pensar poligênese, esta visão reduziu a ciência, à maneira dos primeiros paleontólogos, à colação de vestígios e ao estabelecimento de genealogias.

A reação que, a partir de muito tempo, se posicionou contra tais monumentalizações permanece ainda, até nossos dias, freada às vezes pelos escombros dessa mitologia, a ideia de uma fonte original, do valor de um passado sem distância, diretamente relacionados, como um exemplo, ao mundo de hoje, ou melhor, de anteontem, porque, de fato, a ossificação das estruturas de imaginação e de pensamento nos meios acadêmicos do século XIX teve muitas vezes como efeito que, em 1930, 40 ou mesmo 50, o ponto de referência real se situasse na sociedade burguesa de 1850 ou de 1880!

Complementarmente, e de maneira mais explícita, a pureza se destina ao olho do leitor, previamente tratado com o colírio de uma erudição detentora da verdade. Cada um possui, admitamos, o dom natural de perceber, no texto lido, o imediato de um "testemunho". Justificação fácil de um privilégio camuflando uma servidão; autoidentificação reduzindo a pesquisa à de uma "autenticidade" – tomemos este termo em sua acepção filológica a mais convencional ou como ausência, no texto, de resistências e durações inassimiláveis. O que escamotearam assim, muitas vezes, os maiores dentre os meus mestres, foi um conflito que eu colocaria, por sua vez, no centro de nossa prática. Conflito que provém, eu o repito sem tréguas, da coincidência de uma necessidade com uma incerteza. Necessidade de marcar minha não identidade com o meu objeto, a fim de manter o estatuto da história. Mas incerteza quanto às incidências da cultura, que acrescento à minha leitura destes textos desenterrados das camadas arqueológicas de um outro mundo. O que assim matava o mito de "nossas origens", da "origem de", não era menos que a historicidade das distâncias temporais.

O segundo pressuposto romântico me aparece como transferência da ideia antiga de utopia. A tentativa à qual sucumbiram e sucumbem muitos medievalistas (Curtius por volta de 1950, num outro nível) é a de dissimular os vazios, não mais de sua documentação, mas da própria história, este casaco furado; é a de preencher estas fissuras com a ajuda de alguma resina grudenta em sua ideologia: essas fissuras virtualmente ameaçadoras para sua própria (boa) consciência. Assim, constatando o profundo hibridismo da civilização medieval, ou se denunciou aí uma antinomia pura e simples entre o que se chamou cultura "popular" ou "erudita", "feudal" ou "burguesa", relacionando a uma e a outra as manifestações simultâneas ou sucessivas do discurso deste tempo; ou se repudiou toda uma visão dualista e identificou esta civilização à imagem de uma *Ordem* concebida em termos neotomistas, oferecendo a bom termo algum princípio universal de interpretação como símbolo, alegoria figural ou edifício do dogmatismo católico.

Hoje nos tornamos céticos para com estes sonhos ordenados, nostalgias de época em sentido pleno, fechados em si próprios. Esta Idade Média jamais existiu. O que a promovia a figura mítica era, menos que uma doutrina, uma mentalidade marcada, entre os Pais do medievalismo, pelos transtornos da primeira revolução industrial em que, por compensação e rejeição das produções do espírito tendiam a adquirir uma visada intimista, autônoma, privada: autodefesa do indivíduo isolado, consolado por seus privilégios de "cultura", no seio da vulgaridade do mundo.

Terceira pressuposição: o caráter intransitivo da obra "literária", colocada *a priori* pela maior parte dos críticos durante um século e meio e que entre os medievalistas se impôs tardiamente de maneira, aliás, muito desigual na época e sob a influência de Bédier[2].

Quarta: estreitamente ligada às precedentes, a noção de obra-prima mal utilizável e talvez prejudicial aos estudos medievais, tanto que implica numa irradiação sofística e circular: tal texto constituiu um fator da "grandeza" de certa época, manifestação eminente de seu "gênio", sem o qual esta época não teria sido o que foi...

Não se trata de negar as diferenças qualitativas, mas de colocar em dúvida nossa capacidade de levá-las em conta. Ninguém negará que a *Divina Comédia* importa mais à humanidade do que a *Chanson d'Aspremont*. Mas em quê, e por quê? Talvez no curso da história fosse necessário distinguir momentos de coerência cultural, em que o grupo humano diz-se a si mesmo da consciência que toma de sua identidade, simultaneamente, e de maneira tão plena para todos os meios do corpo: a dança, o jogo de cores, a voz, a escrita, de modo que cada um desses registros só

---

2. W. Moser, Kant: Origin and Utopia. *Studies in Eighteenth Century Culture*, 8, p. 253-268; T. Todorov, *Les genres du discours*, p. 17-18.

tenha uma parte (necessariamente fragmentária) neste concerto; e outros momentos em que a soma dos discursos humanos se concentra emblematicamente num único registro, ou num pequeno número de "obras" individuais: coloquemos o *Lancelot* de Chrétien de Troyes no meio das primeiras rachaduras do edifício feudal: a *Quête du Graal* (Demanda do Graal) num mundo transtornado pelo triunfo dos primeiros racionalismos... Estes próprios exemplos traem minha hesitação. Se ao menos se supusesse alguma validade nesta hipotética tipologia, veríamos a Idade Média deslizar, cada vez mais rapidamente, entre os séculos XI e XVI, do primeiro ao segundo momento cultural.

Do ponto de vista de nossa própria historicidade, podemos dizer com Jauss que a obra-prima se manifesta na perspectiva do passado, sob o aspecto inesperado e admirável de uma mudança do horizonte considerado. Qualquer coisa como um excedente de palavra se faz escutar: um excedente de sentido exige ser percebido, irredutível à significância do modelo tradicional. Donde uma plenitude, impossível de definir como tal, mas, em geral, empiricamente provada pela história ulterior das interpretações suscitadas.

Quanto à historicidade do objeto, a situação ainda é mais obscura. Ela toma a "obra-prima" pelo "grande homem" da historiografia tradicional. Confinar nossos estudos ao "museu imaginário", armado aos poucos pelos nossos antecessores, é condená-los eternamente a esta estética idealista pela qual a "grande arte" está sempre imediatamente presente. Ora, a história das tradições manuscritas, adaptações e traduções, glosas, introduções e continuações, acréscimos juntados a um texto anterior, de todas estas práticas medievais correntes, destaca, às vezes, tais diferenças entre os leitores dos séculos XII e XIII, e nos do XX, na recepção, compreensão e apreciação dos textos, que toda transferência de julgamento parece problemática[3].

Em sua própria ordem nenhum conhecimento permitiria assim definir a obra-prima: impossibilidade historicamente radical. No entanto, quem nos impedirá e em nome de que censura seremos impedidos de dizer de tal texto, "esta obra-prima"? A fonte de todas as ambiguidades é que, ao pronunciar esta expressão, nos colocamos na ordem do prazer e apenas dele.

Positivo e Negativo

Esta pesada e complexa herança romântica incide sobre nós. O que foi ganho desde então sobrecarregou e alterou mais do que substituiu. Talvez seja hoje, na hermenêutica alemã, nos passos de Gadamer, que os elementos mais fecundos se mantiveram melhor e geraram prolongamentos vivos. Em outra parte o quadro é mais duvidoso.

O primeiro impulso do romantismo europeu se aburguesou, abastardou-se de positivismo para se enterrar em areias movediças, finalmente pelo fim do século XIX, em diversos nacionalismos e, de maneira menos declarada, no conservadorismo social. Aliaram-se cientificismo e historicismo ingênuo entre os estudiosos que desbravavam o espaço medieval, com um neo-humanismo profundamente desconfiado, quanto ao passo das próprias artes.

Recusando um discurso, a seus olhos, anárquico, de combinações sempre mais inesperadas, à medida que envelhecia o século, estes homens reinvidicavam a única autoridade de idiomas seguros, de identidade garantida e para eles a argumentação científica servia de modelo. Donde os sistemas de rejeição de que fala K. Stierle seguindo Foucauld: intenção de verdade, o irracional como tabu, impersonalização da palavra – e acrescentaríamos,

---

3. H. R. Jauss, Esthétique de la réception et communication littéraire (manuscrito).

com Barthes – vontade dissimulada de poder. Esta ordem do discurso tendia a impor aos estudos de natureza histórica o modelo "euclidiano", elaborado por Aristóteles e fundamentado numa série fechada de axiomas, de conceitos primários e de proposições derivadas. O esforço científico consistia na elaboração de um dicionário, fabricação de uma máquina fazendo coincidir, de modo unívoco, um significante a um significado – de tal sorte que tudo no mundo fosse legível e apropriável. O discurso filológico se identificava com o que J. Bellemin Noel chama "a retórica da resenha sistematizada"; rejeitava com abominação, emplastrava com sua escrita aquilo que teria permitido ao leitor participar, na progressão, nos acasos, na ilegitimidade talvez, de uma pesquisa.

Estávamos longe da síntese grandiosa sonhada, um século antes, por Vico. A antiga e nobre *filologia* se reduzia ao inventário de "fatos objetivos", rejeitando a interpretação entre as ciências auxiliares: a "explicação de texto" à qual se liga, a torto e a direito, o nome de Lanson[4].

Durante muito tempo ninguém se interrogou sobre estes pontos. O meio sócio-histórico se refletia no texto-espelho, como se ali não houvesse mistério. Só havia "fatos". O mito romântico da continuidade recuperado, mas deslocado, aplicava-se, daí em diante, ao tecido desses fatos, definindo as línguas e nações das quais importava, a partir de 1848 e mais ainda na França e na Alemanha, depois de 1870, demonstrar o caráter essencial e permanente. Esta atitude própria da quase totalidade dos medievalistas até a Segunda Guerra Mundial, implicava num desconhecimento completo da relação intercultural que nos opõe ao nosso objeto; relação que nos leva, como vimos, à necessidade de colocar um problema epistemológico antes de toda a discussão que concerne aos métodos.

4. K. Stierle. Identité du discours et transgression lyrique, *Poétique*, 32, p. 442-458; J. C. Milner, *L'Amour de la langue*, p. 51; T. Todorov, *Symbolisme et interprétation*, p. 91-156; J. R. Dakyns, *The Middle Ages in French Literature 1850-1900*.

Os Pais dos estudos medievais, em seu todo, afastaram este problema. Por isso, não tentaram, em nenhum momento, depreender de sua prática uma teoria.

Os maiores dentre eles possuíam um saber imenso do qual somos tributários ainda hoje, mas eles nunca se interrogaram sobre as implicações ideológicas e filosóficas de sua maneira de trabalhar, de coletar informações e de transmití-las a seus estudantes e leitores. Donde a tenacidade irrefletida com a qual se prenderam a critérios contingentes que colocavam como absolutos: unidade, organicidade e outros. Estes critérios determinavam uma argumentação de tipo analógico que se oferecia ou pensava como dedutiva.

Por sua vez, o mito romântico da origem se banalizava. Do tempo já longínquo em que me iniciaram nesses estudos, a pesquisa das "fontes" dominava as preocupações: os trovadores se "explicavam" por Ovídio ou por Ibn Hazim, quando não pelos Goliardos. As canções de gesta por cantilenas supostas ou pelo Waltarius. Jean Marx, bonachão e importante em seu belo apartamento frente à nave de Notre Dame ou William Nitze, palmilhando as platitudes do meio-Oeste, com sua elegância de grande senhor, catalogaram, nem sempre se entendendo, "temas bretões" presumidamente saídos de mitologias longínquas, mas com as quais a função narrativa real não se importava minimamente. Colocavam-se em causa correspondências, reduzindo a um querer fazer individuais convergências que só têm sentido no coletivo. A "pesquisa de fontes", dando voz a um silêncio, efetua um possível; nada mais. Indispensável, em si mesma sem interesse, ela só faz marcar seu lugar numa operação de redistribuição do espaço histórico, provindo de uma funcionalidade diferente de um discurso a outro, ao qual ela não tem poder de se fazer substituir. Longe de constituir um referente, em relação ao discurso histórico, reificava-se uma ilusão referencial. Avatar do velho princípio de autoridade, a explicação pelas fontes considerava resolvidas as questões relativas à transmissão e à recepção dos discursos. Quanto aos textos, como tal, ela os reduzia ao documento, e o resto passava por evidente. Já em minha tese, em 1943, eu me dava conta confusamente desses mal-entendidos e tentava, desajeitadamente, evitá-los: talvez, desde então, tenha compreendido que a história não explica nada mas que ela tem como tarefa explicitar.

História Literária?

Vivíamos sob o reinado autocrático da "história literária", cuja denominação e conceito tinham sido estendidos, com simplicidade e simplismo, virtualmente a tudo o que foi escrito num dado momento. Exumando e reconstituindo "fatos", ela os colocava em ordem por um discurso, difícil de falsificar, pois a única crítica à qual o discurso se oferece, refere-se ao seu conteúdo, ao valor de arquivo dos documentos em que se baseia. Discurso metonímico, procedendo, cada vez mais de perto, por descrições sucessivas, segundo opções de base indiscutidas: possibilidade de identificação desses "fatos" e de seus encadeamentos, funcionalidade das causas externas, unicidade do "verdadeiro", de onde um cândido vai e vem do texto ao autor, da escritura aos episódios da vida, uma concretização do funcional. A "história literária" estritamente ligada à ideologia dominante encobria, assim, por sua própria pesquisa, fatores sociais e biográficos que se considerava darem conta do texto, de sua pertinência.

E. Hicks fez recentemente a história das interpretações da famosa "querela do *Roman de la Rose*", episódio da vida letrada parisiense por volta de 1400: de 1856 a 1872 assiste-se a uma trama de um pequeno número de elementos de informação, arquiconhecidos desde os anos de 1980, reciclados em cada geração no interior de um círculo estreito de ideias recebidas, veiculadas da tese ao manual e depois do manual à tese, em virtude de uma espécie de cancerização do sistema. Exemplo ínfimo. Centenas de outros poderiam ser citados. E. Köhler, em 1976, se aplicou assim aos estudos sobre os trovadores; P. von Moos, desde 1974 submeteu a um exame implacável a longa série dos livros consagrados durante três séculos a Abelardo e Heloísa.

Uma tendência proveniente de algum longínquo hegelianismo servia, à falta de teoria, de princípio de reagrupamento de um real, assim esmigalhado: a noção de "época" se revestia de dignidade epistemológica. Ela remetia ao Espírito em sua objetividade, subsumia em sua unidade factícia, de mistura, as manifestações mais heterogêneas: necessidade de organizar, em representações harmoniosas e fechadas, o fluxo caótico da história; representações constituídas a partir de alguns fatos (de alguns textos) declarados significativos, em detrimento dos outros. Ora, os fatos, sabe-se hoje em dia, se agrupam em séries, cujos parâmetros diacrônicos diferem, assim, mais do que convergem; é de suas decalagens e de seus deslizamentos recíprocos que se constitui nossa visão da história: o único problema verdadeiro que falta definir a articulação mútua de algumas destas séries, levando em conta o nível em que se opera sua evolução e o ritmo que a diferencia[5].

Um aspecto doutrinário e falsamente sistemático endurecia este corpo muito informe de hábitos e de doutrinas. Mesmo reduzida a seu aspecto gramatical, a filologia servia aqui de *slogan* ou de justificação derradeira. Jauss, depois Robert Guiette, lhe analisaram os dogmas[6]. Daí se depreendem dois traços dominantes: redução de toda significação (supostamente escondida atrás do texto) à unicidade, donde a recusa do ambíguo, do plural, do implicado; da parte do filólogo, egocentrismo radical, colocando o princípio de que a literatura foi feita para ele. Era preciso ter altura de espírito e o sentido artístico de um

5. F. Furet, Le quantitatif en histoire, em J. F. Le Goff; P. Nora, *Faire de l'histoire*, I, p. 59-60; W. Krauss, Literaturgeschichte als Geschichtlicher Auftrag, em *Studien und Aufsätze*; H. R. Jauss, Pour une esthétique de la réception, p. 21-80.
6. H. R. Jauss, Littérature médiévale et expérience esthétique, *Poétique*, 31, p. 324.

Bédier, de um Auerbach, de um Curtius, para quebrar, neste último ponto, o círculo das tautologias.

Estes hábitos de pensar, distribuídos muito desigualmente, segundo o temperamento e a formação dos pesquisadores, das escolas, dos lugares, mantinham um conjunto de critérios ideológicos mais ou menos implícitos, ligados ao que chamamos "o discurso humanista"[7]. Discurso de teatro culto em cujas coxias os atores invectivavam a propósito de fatos assegurados ou de hipóteses arriscadas de versões corrompidas e de textos autênticos, em um conflito tanto mais opiniático, na medida em que não havia sido designado por um nome. Ninguém podia derrubar suas cartas. Cada um reivindicava a ausência de ponto de vista, fundadora da ilusória neutralidade, depois retirado na paz livresca de seu gabinete, ganhava força num lento, minucioso labor de estabelecimento e de classificação de suas fichas – cujo efeito des-dramatizava a vida, a morte, o destino dos homens.

Nossos medievalistas do fim do século XIX e ainda do começo do XX participavam, efetivamente, na Europa inteira, de uma estética debilitada, implicando uma fé inabalável na transparência da linguagem, bem como um gosto pelos "grandes lugares comuns que emocionam" e pela "sinceridade" que faz o seu preço: uma boa parte desses valores escapava do controle das fichas; a tarefa se aliviava. Gaston Paris, homem sensível, assegurava que não tinha mais de se ocupar das "belezas da poesia" porque elas não se ensinam, sentem-se!

Daí os julgamentos sumários: condenava-se por *amphigouri** (a menos que o atribuíssemos a algum erro do copista!) toda a opacidade do discurso; louvava-se por sua "humanidade" tais enunciados que, muitas vezes, depois da extração de seu contexto, pareciam interpretáveis em termos de confissão ou de referência a uma natureza exterior

---

7. A. J. Greimas, *Sémiotique et sciences sociales*, p. 29.

*. Produção intelectual confusa e incompreensível (N. da E.).

transcendente nas palavras que se considerava ter como função manifestá-la. Entre os determinismos socioculturais que regem esta ação, pesou duramente, durante gerações (sobretudo entre os medievalistas franceses), o preconceito pelo qual a "história cultural", em aval e a favor da corrente, se perfilava a partir de um momento epistêmico central, identificado com o "classicismo" (de Descartes aos enciclopedistas) pela relação com a qual se definia "toda oposição". Assim enraizada, a historiografia dos textos medievais se reportava amavelmente a um turismo intelectual, análogo ao que faz descobrir para as damas, munidas de suas câmeras, o charme discreto dos índios do Yucatán.

Certamente o medievalista especializado, preservado por sua erudição, evita aí, mais do que o leigo, as simplificações abusivas; a um nível menos claro de consciência, seu julgamento não é, assim, com demasiada frequência, menos pré-fabricado: a identidade permanente dos fatos que estuda, linguísticos, poéticos, textuais, decorre para ele eternamente do Grande Modelo – estes séculos XVI, XVII, XVIII que só por alguns foi considerado um breve episódio regressivo da história Ocidental. "Idade Média", expressão forjada por volta de 1500, designa (não sem condescendência) a longa fase preliminar, embora laboriosa, de um movimento destinado a desabrochar na *Renascença*. Ademais, à medida que o campo das pesquisas se aproxima do termo emblemático desta voga secular, as distorções se mostram. É assim que o fascinante século XV aparece na bibliografia da "literatura de estudos medievais" como espécie de "terra de ninguém", de atribuição incerta, em que se considera um mundo a desfazer-se, um outro para se anunciar, deixando o filólogo sem critérios. O ensino oficial da "literatura medieval" é ainda hoje, sobretudo na França, vítima, em parte, desta falsa perspectiva.

Por vezes, é verdade, mesmo nos tempos do positivismo triunfante, uma obra animada por alguma personalidade poderosa conseguia fazer ouvir, no seio dessa impotência geral, uma voz que levava mais longe: o efeito de gênio pessoal, capaz de agarrar em seu lugar um crítico tal ou um pedaço do real, a despeito do sistema esterilizante que não estava, dessa maneira, posto em questão. Portanto, em nosso século, o de Jean Frappier, cuja perfeita honestidade intelectual, o saber extenso, e também a medida justa que ele tinha tomado de seu próprio espaço (depois das cabotinices de Gustave Cohen, vulgarizador entusiasta e medíocre) tiveram, para as pessoas de minha idade, um valor exemplar – ao tempo em que elas nos sugeriam tudo o que restava de outra coisa a ser feita. Como em Roma d'Ângelo Monteverdi, de porte principesco, de discurso às vezes d'annunziano mas cujas obras, em diversas de suas partes, me forneceram, por volta de 1950 ou 1960, o ponto de partida de uma reflexão sobre as causas.

É a homens dessa têmpera que a "história literária da Idade Média" deve não somente o fato de sobreviver, mas de poder ser restabelecida em outras premissas, começar pouco depois a se refazer: primeiro na Alemanha onde Werner Krauss, desde 1959, inaugurava a problemática da dupla historicidade, onde, nos anos de 1970, Jauss integrava sua estética da recepção a uma dialética da duração literária inspirada pelo formalismo russo, na Itália, na França, um pouquinho em toda parte, vêm-se esboçar tentativas de sistematização nova. Foi, num setor muito limitado, o que pretendi fazer em minha obra sobre os Rhétoriqueurs.

O Texto Insular

Não é apenas a história literária convencional que tenta ultrapassar um tal movimento de ideias, mas também muitas sequelas (no entanto muito limitadas nos estudos medievais) de um formalismo de herança saussureana ou hjelmsleviana.

Sabe-se com que rapidez o século XX, sobretudo na sequência da Primeira Guerra Mundial, corroeu as tradições científicas anteriores. Desde antes de 1900, os modos burgueses de significar eram periodicamente abalados pelos golpes de uma vanguarda artística, desprezada em meio erudito, mas que pelo menos atuava aí a favor de um retorno ao subjetivo[8]: a obra de Josef Bédier ilustra esses efeitos. No decorrer dos anos de 1920 emergiam métodos novos, modos de conhecimento, manifestando uma tendência a rejeitar a fascinação pela história: o estruturalismo, a psicanálise freudiana. Depois da Segunda Guerra Mundial, esta tendência pareceu triunfar, por um momento, de fato: os medievalistas de minha geração viveram esta experiência nos anos de 1950. O prestígio difuso da escola sausurreana, depois os linguístas de Copenhaguen seduziram muitos de nós. Muitas vezes o contato permanecia indireto. Para mim a palavra decisiva foi dada, de saída, por Benvenuto Terracini, um dos mestres por quem guardei a maior devoção. No entanto, ávido por descrições formais rigorosas, cada um partiu em busca de estruturas, em que a análise funcional se deixava substituir pelos velhos modos aleatórios de interpretação. Teto Berzola, mais velho que nós, seguido de um número considerável de alunos, abriu caminho por volta de 1947, em sua cátedra de Zurique. Na Alemanha, os trabalhos de W. Kellerman partiam do mesmo ponto; os de Silvio Avalle, na Itália e na França, de um modo que evitava romper completamente com a história; as primeiras pesquisas de Daniel Poirion, não menos que os ensaios dispersos de Pierre Guiraud.

Nossa tendência comum, para além de nossas divergências, era uma replicação do "texto único" sacralizado: segundo termo dialético (assim aparece com o recuo destes alguns anos) de um processo antinômico cuja conclusão poderia estar próxima hoje.

As próprias condições de nossos estudos nos predestinavam, parecia-me então, a esta ascese. A frequência do anonimato dos textos, a incerteza das datações durante

---

8. J. J .Goux, *Les Iconoclastes*, p. 175.

todo o tempo tinham imposto estreitos limites à aplicação dos métodos lansonianos. Deste ponto de vista, o século xv apontava para a época moderna: donde o biografismo de quase tudo que se publicava sobre Villon ou sobre os Grands Rhétoriqueurs. Mais importava, pensava eu com muitos de meus confrades, para purificar o ar de laboratório e conferir à experiência um caráter mais significativo, remontar ao tempo até uma era (do século ix ao xii) onde algum meio não nos sobrava para identificar a atividade de um sujeito, senão pelo seu próprio produto: este texto isolado, afogado numa história de delineamentos confusos, traçados em pontilhado bastante descontínuos, para que um problema surgisse em cada nó destas linhas. Problema que só podia ser enunciado em termos contraditórios de inércia e de ativa reprodução. Foi o que tentei em meu pequeno livro *Langue et techniques poétiques à l'époque romane* (Língua e Técnica Poética na Época Romana), escrito em 1961, enquanto revistas como *Vox Romanica*, na Suíça, *Cultura Neolatina* na Itália, em muitos colóquios e congressos, assumiriam para si uma retomada dos problemas relativos à constituição de culturas românicas arcaicas.

No entanto, depois de aproximadamente quinze anos, já nos tinha ultrapassado, à sombra, o grande homem que foi Robert Guiette, erudito e poeta, amigo dos anos de 1920 de Cendrars, de Max Jacob, de Michaux, morto sem alarde em 1976. Foi por volta de 1960 que sua mensagem me chegou e que eu medi a importância daquilo que dele tinha aproveitado Roger Dragonetti, no primeiro livro para mim convincente que jamais tinha sido escrito sobre a poesia de *la fine amour*. Foi preciso algum tempo para assimilar esse neoestruturalismo, nutrido de estética musical e que, de uma vez, implicava na leitura, com o leitor ele próprio, sua história psíquica e moral, rejeitando categoricamente o preconceito da univocidade dos textos.

Ainda estávamos digerindo essa contribuição quando, em 1967, Julia Kristeva, toda imponente num outro patamar e numa outra linguagem, reabria, é preciso confessar, menos amável, a discussão sobre a história, trazendo para a França (a propósito de um texto do século xv) a noção de *ideologema*. No entanto, em Paris e, numa medida menor, na Alemanha, na Itália, nos Estados Unidos, não se tinha acabado ainda de assimilar o formalismo russo ou de Praga, então (re) descobertos: a ideia de literariedade, banalizada, polarizava vastos setores de pesquisa muitas vezes tumultuosos. Minha tarefa seria, eu imaginava, a de esboçar uma definição da literariedade medieval, empresa contraditória porque ela implicava, ao mesmo tempo, o abandono do "não literário" e sua recuperação como história. Nisso, eu me reportava à "tradição" de operar esta passagem e, por artifício de exposição, acusava um ceticismo de princípio quanto à pertinência das referências externas para a compreensão dos textos como tal.

Foi assim que escrevi, entre 1968 e 1971, meu *Essai de poétique*, em que eu detecto, hoje, uma dupla falta de perspectiva. A literariedade, conceito moderno, não saberia fundar uma arqueologia sem uma petição de princípio. Quanto à reação contra o historicismo documental, tática admissível, mas sem valor absoluto, ela não saberia fundar uma estratégia. E enquanto, com alegria, eu me dava a este trabalho, eis que, para além dos muros de meu gabinete, ele evidenciava, pelo efeito de um deslizamento sobrevindo nas camadas profundas de nossa civilização, as disciplinas voltadas para o estudo das obras de arte ou dos textos literários, com a ajuda de Marx e Freud, chegavam a conceber uma desconfiança para com os próprios materiais destas obras, com a linguagem manifestada nestes textos, recusando admiti-los como natureza. Tudo estava para recomeçar, depois dessa *Entkünstung der Kunst*, como dizia Adorno?

Talvez não. O tempo não era mais aquele em que os medievalistas marchavam no mesmo passo, em filas impecáveis no pátio de uma mesma caserna. De mais a mais, os caminhos divergiam. A partir da época em que, antes de 1940, com o sereno desprezo dos pioneiros por todo o decoro, Albert Pauphilet propusera sua interpretação alegórica da *Demanda do Graal*, este gênero de especulação tinha encontrado, nos países anglo-saxônicos, especialmente nos Estados Unidos, um terreno favorável de eminentes praticantes aparentemente tocados pela *new criticism* e seu hábito do *close reading*: D. W. Robertson, John Fleming, C. S. Lewis, no passado. R. Kirckpatrick submeteu recentemente à lente crítica as implicações de sua leitura de Dante[9].

Na Europa, é antes uma revalorização da alegoria como modo de significância e regra de leitura que, a partir da metade dos anos de 1960, se liga ao interesse de um Guiette, depois de um Jauss, de Poirion, de Marc-Renné Jung, de mim próprio e, do ponto de vista mais exegético, de Jean Pépin, dos Padres de Lubac e de Chenu.

A partir daí, várias proposições podem avançar: contrariamente a uma opinião difundida, a "literatura da Idade Média" só raramente é "simbólica". O que (outra sequela do romantismo) nos aparece como símbolo, objeto produtor de um sentido outro e em princípio inesgotável, funcionava antes, para o homem da Idade Média, como um enigma, agradando seu gosto do obscuro, do ambíguo, do suspenso, mas cuja solução não importava mais do que ganhar um jogo sem penhor[10]. Por sua vez, a alegoria constituía um prosseguimento de racionalização, de redução lógica do visual, remetendo explicitamente a um sistema de Semelhanças – do qual creio, ademais, ter mostrado que se degradou continuamente do século XIII ao XVI. Degradado ou não, ele se referia a um ou a vários códigos, cuja natureza e relações mútuas pouco a pouco vêm à luz. Ainda que muito fique para desemaranhar nesta *selva oscura*, a pesquisa e a reconstituição dos códigos em questão implicam um abandono de descrições puras e simples, um recurso a alguns princípios ao menos da semiótica contemporânea, e nesse ponto por aí suscitam o

9. R. Kirckpatrick, *Dante's Paradiso and the Limitations of Modern Criticism*.
10. H. R. Jauss, Littérature médiévale et expérience esthétique, *Poétique*, 31, p. 329-330.

que deve ser: o enfrentamento com o texto-alvo de nossa historicidade, inegável, manifestado pela própria natureza do esforço que nos impõe a produção de um sentido, explicitando aquilo que, visto por outros, foi sem dúvida intuitiva e globalmente compreendido como o real.

Mas o real é histórico; a evidência só tem um tempo. O que para nós constitui a realidade não o era necessariamente, no século XII – e eu não faço assim alusão apenas à evolução técnica e científica. Nossa leitura crítica da alegoria medieval vai consistir, então, ela própria, em re-atualizar o real passado. Em outros termos, em interpretar, no sentido em que o *intérprete* implica ao mesmo tempo tradutor e voz viva. Interpretar, explicar, explicitar essa figura: dar-lhe um sentido que funcione para nós (tal como nossa erudição a decapeia), um sentido que seja nosso. Não é por aí a própria operação que (sem poder medir bem o alcance) praticaram os letrados medievais nos textos antigos, tentando ao mesmo tempo cobrir uma distância cultural (da qual eles tinham pouca consciência) e se apropriar de uma herança?

É assim que o estruturalismo ortodoxo, nos estudos medievais, nem bem foi montado e já ficou sem ação. Refratando, através de um jogo de termos que a fragmentam, a massa compacta do real, os modelos estruturalistas, bem como os modelos semióticos que daí são parcialmente provenientes, organizam, por um tempo, nossa inteligência do mundo natural, libertam uma nova energia, introduzindo em nossas problemáticas uma nova dimensão; mas isso não se passa sem o endurecimento teórico, um recuo da prática, um certo desprezo do concreto. Fase prévia e instrumentária (numa perspectiva pluralista), a análise estrutural prepara de longe uma leitura do que é dito sem o ser: legitima e fecunda na única medida em que, entre os acontecimentos assim delimitados, intervém uma escala de inteligibilidade, que permite restabelecer uma relação contínua: o direito à história. Walter Benjamin já o proclamava nos anos de

1930, percebendo na operação estruturalista um empalidecimento da consciência. Este, de resto, parecia próprio ao Ocidente, menos sensível entre os russos e os tchecos, zelosos em descrever o dinamismo do sistema mais do que as engrenagens deste.

Inútil insistir. Cobriríamos anexos da biblioteca com os dossiês deste processo. No curso dos anos de 1970, multiplicaram-se as advertências, as denúncias de uma série de pressupostos, hoje cada vez menos toleráveis no mundo concreto em que nós existimos:

a. fechamento de um universo linguístico;
b. definição dos sistemas de signos independente do modo de sua produção e de sua recepção;
c. reificação das estruturas;
d. redução da comunicação a um jogo combinatório da lógica formal;
e. totalização dos dados analíticos...[11]

O discurso estruturalista, em sua idade triunfante, era da ordem do sim ou do não. Ignorava o intenso, o deslizante, a liquidez. Colocava um sólido, mas desprovido de energia, inapto para integrar em seu sistema a violência de que o texto necessita para se deixar tomar e não para fazer sentir. O que mais importa hoje não é da ordem das estruturas, mas dos processos subjacentes que a suportam. Se, por sua vez, tornou-se difícil desconhecer as noções de estrutura e de signo, pelo menos é mais difícil ainda não pensar em dispersão, perda, esperança.

Escrituras

---

11. H. R. Jauss, Esthétique de la réception et communication littéraire (manuscrito); M. Serres, *Hermes I: la communication*, p. 21-35; E. Lohner, The Intrinsic Method, em P. Demetz, *The Disciplines of Criticism*.

É assim que ao longo dos dias, através desses modos, e, às vezes, dessas tempestades, que meus companheiros mais próximos e eu mesmo deixamos de "fazer a história", quero dizer, tentamos produzir um modelo de inteligibilidade que englobe a nós próprios: menos pela redução ao acontecimento, que é talvez o texto, do que – sem pretender nem a exaustividade, nem a precisão matemática – pela construção de dados repetitivos, regulares, comparáveis, dos quais pelo menos um nos implica pessoalmente.

No entanto, pelos arredores de 1960 a 1965 encontramos um amigo novo, aparentemente cuidando pouco de nossos problemas, mas espontaneamente eu tinha sentido que sem ele não iríamos mais longe. Percebo Roland Barthes no mesmo horizonte, com aqueles que não tinham demorado a nos seguir.

A escritura, o texto, a história: mais do que nos conceitos que aí se referem, é enquanto processo de significância para a obra, nas unidades do *corpus*, que ele achava conveniente definir, desmontá-las; praticar aí uma abertura sobre o que nosso discurso fechou por sua própria finitude; levar o produto, "finito", à sua produção in-finita; desconstruir um objeto designado, por hipótese, como montagem. Montagem das relações que o com-põem e que necessariamente ele pressupõe, mas essas relações se ligam em configurações móveis, cuja identidade não se torna apreensível, senão no nível mais geral e comum: o da "tradição", tratando-se da Idade Média. Ainda que não valha a pena ser simplório quanto às implicações deste termo: menos que sistemas, o que veicula a tradição são modos de significação, tais como o sujeito que os articula fica fora do quadro, ponto branco sobre a parede, focalizando esse texto que não é para ele.

Ainda conviria manter as diferenças e não mais aculturar, a esmo, textos antigos cujo modo de funcionamento social só conhecemos pela metade.

Adotei, por hipótese cômoda, uma distinção sugerida por Barthes e explicitada por outros, e opondo, no que concerne aos séculos modernos, duas variedades de escritura, correspondendo a duas práticas significantes: uma, fundada no signo, a expressão, a representação; outra, na produção e na autorrepresentação desta. De um lado, os "textos da modernidade", do outro, o resto. O conjunto de instrumentos críticos afiados depois de uma quinzena de anos se refere mais especialmente, senão exclusivamente, aos primeiros, manifestando esses livros com evidência a prática exibida pela escritura. Donde uma disponibilidade semântica oposta à plenitude do livro "clássico", cuja polissemia limitada provém, na maior parte das vezes, de sua falsa transparência.

Certamente não saberíamos evocar aqui o espaço intransponível entre esses dois tipos firmemente atestados. Um e outro parecem (num primeiro exame) coexistir no *corpus* medieval; e, se um predomina às vezes, em nenhum momento ele expulsa o outro do horizonte. Pelo que, não vale mais partir do "moderno" para iluminar o mais "clássico" (sem neste caso reduzi-lo), uma vez que ele só manifesta aquilo que o outro rechaça e que, de todo modo, o pré-texto estará implicado na tradição?

Da minha parte, a partir desses anos, não cessei de recuperar os *carmina figurata* carolíngios nos Grands Rhetóriqueurs, os traços de uma "escritura" escapando à sua ordem e à sua ideologia, por meio apenas de sua inscrição. Progressivamente, pareceu-me que, para esses textos, nem a intenção do autor (supondo que pudéssemos estabelecê-la...) nem a percepção imediata dos traços semânticos constituem um critério de leitura suficiente, sequer válido. Donde uma suspeita generalizada: não seria esse ponto um fenômeno revelador, sugerindo, num primeiro tempo, um modo de aproximação certamente aproximativo, mas não errôneo, aplicável a todos os escritos que nos deixou esta grande civilização? Romances e poemas que presumimos ninguém se detenha a ler, porque o autor foi totalmente "despersonificado" na produção do seu texto: caráter que, se o admitimos, marca, de maneira global, a diferença entre a "Idade Média" e o que a segue imediatamente na duração.

A obra, a partir de agora "aberta", segundo a fórmula de Umberto Eco, condena o logocentrismo que caracterizou até há pouco as tradições ocidentais. Eis que re-emerge um sujeito mascarado, proteiforme; o texto funciona no seio de um feixe de determinações sociais.

Para alguns (sobretudo além Reno), a realidade da escritura provém de uma troca contínua entre produção e consumo dos textos; para muitos dos franceses, ela se situa no jogo de espelhos e de afastamentos que constituem esta produção. Mas, sob capas programáticas diferentes, em meio a essa explosão de doutrinas, da parcelização dos esforços, se distinguem, no estudo dos textos medievais, convergências estratégicas (mais do que metodológicas): não é impossível conceber que por muito longo termo nos encontraremos um dia no mesmo ponto – grande reunião de energias positivamente úteis ao parto de uma civilização nova: reunião que eu teria sonhado durante minha vida humana, mas da qual provavelmente não estarei aí para tomar parte. Ou bem, a "literatura medieval" definitivamente desvalorizada cairá, na melhor das hipóteses, no esquecimento.

Logo, nas margens estreitas da tradição erudita busca-se, graças ao exame atento do contexto e de fora do texto, o modelo plausível da intenção textual: assim, Nancy Freeman-Regalado, em seu livro sobre Rutebeuf, e, em parte, meu próprio livro sobre os Rhétoriqueurs, nos aventuramos, em seguida, à decifração literal das argúcias do texto, no avesso historicamente significativo de sua sintaxe: também Eveline Birge-Vitz, na sua obra sobre Villon ou Marie-Louise Ollier, em seus artigos sobre o romance por volta do século XII. Saímos daí para a leitura psicanalítica da qual Charles Mela, recentemente, forneceu exemplos tão discutíveis como apaixonadamente renovadores. Certos setores se concentraram mais que outros em numerosas tentativas deste gênero: hoje, o romance, ontem a canção de gesta[12].

Constato em todos esses trabalhos, ao mesmo tempo, o abandono ou a superação da semiologia Saussurehjelmsleviana nela própria, explodindo na semiótica da comunicação e na semiótica do sentido; e uma progressiva re-orientação do olhar sobre a história concebida como a relação existente entre o texto e nós. Tudo se passa assim, como se qualquer determinismo obscuro e saboroso nos levasse por uma escada espiralóide ao aprumo de uma posição medieval, donde o texto se interpreta mais dramática que logicamente, numa maneira, como diz Eugène Vance, pela qual um músico compreende mais uma sonata a executando do que por análise.

Uma coisa é mediatizada pela língua ou ela não o é. Mas a "literatura", terá sido medieval...? Segundo a palavra de Roland Barthes, a literatura é fruto de uma outra vontade que diferente da recusa de tomar seu partido de ausência de paralelismo entre o real e aquilo que o homem dele pode dizer?[13] O real aqui é a existência física das marcas que constituem o texto e é ele que constrói o sentido, produtor, produção e produto, jamais imóvel, portanto, suporte inegável e último de nossos discursos.

Tradição e Movência

Permanecem tantos pontos cegos, zonas irrecuperáveis! Lembrei acima com que excesso de otimismo tentei no passado englobar o inacessível na noção de tradição, despojada de suas implicações teleológicas, lugar de inscrição da historicidade dos textos. Esperava assim reter, num ní-

---

12. A. Limentani, Les nouvelles méthodes de la critique et l'étude des chansons de geste, *Charlemagne et l'epopée romane*, p. 295-334.
13. L. Prieto, *Lineamenti di semiologia*; U. Eco, *Le forme del contenuto*; E. Vance, Modern Medievalism and the Understanding of Understanding, *New Literary History*; R. Barthes, *Leçon*, p. 22.

vel bastante elevado de abstração, um objeto indefinível a priori. Sem hoje rejeitar absolutamente esta ideia, eu a modularia, procurando na tradição menos uma competência no sentido generativo do que uma rede de relações. Ainda estas deveriam ser evocadas, em termos bastante nuançados, para tornar sensível a instabilidade, a exigência que elas comportam de um constante colocar em causa, de uma abertura para o inesperado. Qualquer que seja, com efeito, a força de uma tradição discursiva/poética, a despeito do que essa tradição tem de autodeterminado, não se poderia negar que mutações se produzem aí, de um jeito ou de outro, sob o impacto de fatores extratextuais; em particular, e em toda cultura de tipo "tradicional" (no sentido em que o entendem os etnólogos), os discursos se enunciam geralmente *in presentia*: donde a "teatralidade" profunda de todo texto poético medieval, cuja aparente inércia, proveniente de sua colocação por escrito, não é mais do que uma máscara imposta.

A fronteira em pontilhado que (eu sugeria) separava do "tipo" o símbolo, deste o mito ou o emblema, bastava a inflexão de uma voz, de uma alusão gestual (e que sabemos deste código?)[14], de um elemento de ambiência para apagá-lo: contrabando possível a cada instante e que, esfumando os contornos da "tradição", permite lê-la ainda hoje.

O que fica ao alcance de nosso olhar, com efeito, no fim de uma pesquisa muitas vezes árida, é o momento crítico em que a apropriação de um dado preexistente pelo texto medieval se manifesta em desvio ou em recusa – ou ainda em nuances desviantes ou denegadoras, tanto é verdade que a ideia de alguma "revolução poética" se aplicaria mal aqui; os movimentos, as distorções, um certo apetite mesmo de ruptura, não tentaram jamais bloquear os sistemas antes dos séculos XV ou XVI. Este não permanece tão

---

14. Uma equipe conduzida por J. Le Goff e J. Cl. Schmitt na E.H.E.S.S. trabalha nos sistemas de gestos medievais.

intocado, mas em que medida? Uma probabilidade de erro não se integra necessariamente a nossa leitura?

Outra impossibilidade: o afastamento dos tempos e das culturas dissimula para nós o sujeito individual: na melhor das hipóteses, alguns cacos de informação anedótica mascaram a nossa ignorância. Só podemos pensar o indivíduo, a partir de nossa própria historicidade em relação ao horizonte de consciência em cujos limites nos movemos. Para além, estende-se um vasto espaço frouxo, de coordenadas vagamente cósmicas, resistentes às extrapolações analógicas. É, portanto menos um "autor" que me bastará conceber do que um abrigo de organização de formas, um grupo ambiente ao portador da palavra e colocado, relativamente a ele, em estatuto hipostático, implicando ou não num querer-fazer comum. Mas poderíamos, nesta situação, proclamar a "morte do sujeito", esta falsa novidade que fez muita gente falar disso já há alguns anos? Pelo menos resta em nossos pergaminhos uma figura gramatical ambígua, mas que eludimos tanto menos que o *eu* não podia, em sua teatralidade medieval, deixar de implicar o ouvinte e sua necessidade de individuação[15].

Refiro-me, enfim, à ideia de "movência" dos textos que eu propus no meu *Essai* e que muitos de meus confrades tomaram por sua conta, mas aí, ainda, talvez eu tenha generalizado brevemente demais. Não será este o ponto, pelo exame atento dos fatos de movência próprios a *cada* "obra", que chegamos àquilo que constitui a chave desse conjunto de problemas: a maneira pela qual os textos medievais afrontaram o "horizonte de expectativas" dos homens deste tempo? Mas, a própria suposição que realiza, no plano informativo, uma tarefa semelhante, colocar a questão (e é necessário...) não implica de nossa parte ultrapassar a noção de código, uma aparente eliminação ideológica da ideologia e, a exploração de uma espécie de

---

15. P. Zumthor, *Langue, texte, énigme*, p. 163-215; H. R. Jauss, Littérature médiévale et expérience esthétique, *Poétique*, 31, p. 328.

metasemiose na fuga perpétua dos interpretantes? O destinatário do texto assegura um *papel* inscrito no texto: recepção e interpretação, concretização e reelaboração não se dissociam – menos ainda na performance oral do que na transmissão escrita. O texto visa a intoxicar aquele que o recebe, mesmo quando esse receptor o inventa para si. No entanto, Robert Guiette dizia, por sua vez, que a poesia medieval é concebida do ponto de vista do executante, não do ouvinte, que sua finalidade é espalhar a alegria de uma ação...

Essa contradição é só aparente. É mesmo nesses termos duplos que os homens do século XII realizaram sua própria poesia – se eu me permito (e eu creio podê-lo) aplicar a esta matéria profana o que Bernardo de Claraval escreveu sobre o *Cântico dos Cânticos*:

o que canta o poema, só uma humilde veneração nos ensina; só prová-lo nos faz compreender. Aqueles que fazem disso a experiência o reconhecem, pois; e os que não podem fazê-lo ardem de desejo, não tanto de conhecer quanto de provar! Há aí menos barulho na boca do que júbilo no coração; menos palavras dos lábios do que impulso de alegria; harmonia, mais de intenções que de vozes. Não é de fora (como parece) que o escutamos, nem nos lugares públicos que ressoam neles verdadeiramente; apenas ouvem aqueles que o cantam e para quem ele é cantado[16].

Numa tal leitura, compreendemos, nada é conquistado. Cada questão que coloco ao objeto conduz ao mesmo tempo a ele, a mim e a esta própria questão. Por isso, o termo do processo é, por natureza, diferido; o resultado ao qual ele tende é contraditório, porque consistiria em abolir a oposição do outro e do mesmo. Mas, em outra parte, contrariamente ao preconceito romântico, a interpretação não é infinita. Ela tem seus limites e regras, aliás, flutuantes, e revisáveis sem cessar: limites que se prendem à ve-

---

16. J. Leclercq; C. H. Talbot; H. M. Rochais, *Sancti Bernardi Opera*, I, I, 11. Tradução livre.

rossimilhança documental; regras provenientes de nossas próprias disciplinas intelectuais. De toda maneira, ela só poderá sugerir sem completar: porque parece não mais haver aí sentido para nós somente interpretações. A filosofia construiu seu tempo: restam os mitos que dizemos para nós, resta nossa lassidão das racionalidades falsamente tranquilizadoras, nossa necessidade do imaginário mais do que do inteligível.

O Irrecuperável

A obra de arte é tautológica no sentido em que ela não "exprime": ela é. Assim a poesia, ao longo dos tempos, não "declara" nada, tenta subjugar alguma coisa desse mundo que ela afronta, mas do qual isola uma profunda inadequação, mesmo ao captar longínquos e fugitivos clarões. Pensamento, ela é também "resistência do não pensado", segundo palavras de Michel Deguy; obscuridade irremediável mas positiva. Ora, tais proposições, tratando-se da poesia medieval, são verdadeiras de maneira especial, mais ainda histórica que ontológica, tendo a ver com a aparência que, para além de alguns séculos, toma a nossos olhos esta civilização.

A Idade Média, lembrei-me, ignorou a literatura. Mais ainda: ela não isolou, senão muito tardiamente, uma noção comparável à nossa de "poesia" da mesma maneira que – J. Jolivet, P. Vignaux e outros o mostraram – ela jamais formou uma "filosofia". Certamente uma teologia: *lição divina*; mas quando aparece, na sua prática, a palavra *filosofia*, ela se refere ao alegórico, *Hermes* de Martianus Capella, à transmissão do saber e, finalmente, à alquimia. É menos uma doutrina, ou mesmo um discurso que ela designa, do que um trajeto de ação, essa própria ação e sua regra; é menos a autores que ela remete que às representações empíricas de uma tradição artesanal. Sua visada é uma transmutação: aqui, de metais em ouro; e lá, da linguagem ao

Sentido[17]. Mas um não é mais distinto do outro do que poderia ser, do "filósofo" entregue à sua Grande Obra, o trovador extraindo o *fine amour* no alambique de sua canção. Não penso em me exprimir assim por metáforas: é muito provável que a palavra *fine*, nessa expressão, seja um termo da alquimia.

Seria, em contrapartida, apenas uma relação metonímica por onde, na cadeia das transmutações verbais e do "hermetismo" dos sentidos, integraríamos aos efeitos dessa prática generalizada que foi, sob diversas formas, a *ironia*. Meus livros não foram os únicos, em vinte anos, a assinalar sua onipresença no discurso poético medieval. Eu não insisto[18].

Afirmaríamos, sem excesso de paradoxo, que toda a forma poética medieval (qualquer que seja o nível em que a definimos) *tende* ao duplo sentido: e eu não escuto aqui o desdobramento que decifra a leitura alegorética, mas, superpondo-se ou tornando complexo os efeitos, um perpetuo *assim* e *não*, sim e não, verso e anverso. Todo sentido, até o limite, se ofereceria por enigmático, resolvendo-se o enigma em proposições simultâneas e contraditórias das quais uma sempre parodia mais ou menos a outra. Peter Haidu fundamenta, nessa figura estendida bem amplamente, uma das constantes do romance; quanto a mim, eu não hesitaria em interpretar globalmente desta maneira a poesia do *fine amour*, por causa, em particular, de suas interferências com a tradição contemporânea das *detractaciones amoris*.

Alguns acreditaram desvendar nestas tendências o impacto dos conflitos de classe: explicação anedótica. Eu me perguntaria antes, com H. Gumbrecht, se, no seu conjunto e intenção geral, a poesia medieval de língua vul-

17. Cf. C. Gagnon, *Description du livre des figures hiéroglyphiques de Nicolas Flamel*, p. 32-37.
18. Remeto ao n. 36 de *Poétique*, onde todos os artigos apresentam considerações diretamente aplicáveis aqui; ver também R. Rossman, *Perspectives of Irony in Medieval Literature*.

gar não apresenta (muito difusamente, mas se traindo pela ironia) o caráter daquilo que chamaríamos de uma contracultura: esta contracultura de que sabemos hoje, e que encontrou no carnaval sua forma, contraditoriamente, institucionalizada[19].

É assim que no meio abstrato de nossos estudos podia ser estabelecida uma rede organizada de "tipos ideais", de "modelos", de encavalgamento parcial. Esta rede desenharia, em traços mais ou menos enevoados, em linhas pontilhadas, como a geografia da região utópica onde se completariam, se as prolongássemos infinitamente, as linhas estruturais e as correntes energéticas constatadas no pedaço da história, nosso objeto. Seria, assim, ao mesmo tempo, ampliado nosso ângulo visual, e mantido o fator de incerteza sem o qual não se colocariam mais questões: sem o qual, em falta do desejo, não se saberia mais constituir nenhum conhecimento.

---

19. H. U. Gumbrecht, Toposforchung, Begriffsgeschicht und Formen der Zeiterfahrung im Mittelalter, em K. Baldinger, *Beiträge zum romanischem Mittelalfer*, p. 1-16; J. C. Baroja, *El Carnaval, Analisis Socio-Cultural*.

4. O EMPIRISMO NECESSÁRIO

É esta a situação. Agora, cabe-nos falar: quero dizer, *tomar* a palavra, o que significa tomar um objeto e capitalizá-lo em forma de discurso, a fim de tirar dele um capital simbólico, transmissivo, mas sujeito a todos os jogos de azar.

Insisti bastante, acima, na complexidade das tarefas com que se defronta o leitor crítico da "literatura medieval", na obrigação, porém, de manter um discurso histórico sobre os textos. Esta exigência, plena de muitas contradições, coloca um problema fundamental: nossa prática é teorizável?

O utensílio que nos permite o exercício é em parte, senão principalmente, de natureza conceitual. Ora, os conceitos se prestam igualmente a dois tipos de utilização: dogmático-sistemática ou heurístico-empírica, distinção que poderia servir de critério para categorizar os métodos, em via de elaboração hoje, e de cujo sucesso depende o futuro ou o esgotamento de nossos estudos. Minha posição (o leitor já o compreendeu) se situaria um pouco à margem, ou na retaguarda em relação a tais tendências na zona mais fluida de um pensamento, se ouso empregar uma tal palavra teórico-empírica.

Empírica sobretudo na medida em que eu me implico; em que discorrendo ouço uma voz que eu sei ser a minha, mas de maneira alterada e quase estranha, porque o que ressoa nela é meu próprio problema, que eu não tenho nenhum meio nem de eludir nem de conhecer verdadeiramente. Teórica, na medida em que, segundo F. Jameson, liga-se ao que eu digo um valor "protopolítico": importante de maneira imprevisível, mas certa no destino comum.

Contudo, empírica porque esses velhos textos não somente me falam, cada um por ele, porém me interrogam e solicitam uma resposta que lhes concerne, cada um por si mesmo. A alegoria e o emblematismo subjacentes a todo discurso poético-medieval e que o dinamizam, identificam uma "escrita" com a glosa que ela tem por função de suscitar, explicitação previsível dos sentidos. Confio no texto medieval. Ainda que sua letra manifeste uma violência, ele me ama, esperando meu cuidado e minha adesão a seus mistérios. Tudo o que ele nos diz é exemplar: o que tenta provocar em mim é uma *conversão*, um retorno onde me aparecerá o avesso das aparências. Um lugar comum multiforme se programa em muitos exórdios desta intenção: eu vos entrego um sentido, diz o texto; cabe-vos descobri-lo, "inventá-lo" – como se falássemos da *invenção* das relíquias de um corpo santo. *Le Roman de la Rose*, de Guillaume de Loris, ilustra eminentemente este desígnio; mas este texto admirável só faz esclarecer todos os outros. Nossa tarefa, em cada caso particular, consistirá em distinguir por alguns caminhos com que voz o texto pretende guiar nossa busca.

O texto só existe enquanto é lido. Conhecê-lo é lê-lo; e a leitura é uma prática, concretizando a união de nosso pensamento com um pedaço daquilo que, provisoriamente talvez, ela aceite como real. Por aí, a leitura é diálogo, virtual certamente; mas duas instâncias são então confrontadas: sou, de alguma maneira, produto deste texto ao tempo em que "enquanto leitor" eu o construo. Relação de solidariedade ativa, mais do que efeito de espelho; todavia solidariedade mais prometida do que dada, saborosamente sentida ao termo de um longo trabalho de aproximação que exige atravessar duplamente a distância histórica, ida e volta[1].

Uma exigência de inteligibilidade não se impõe menos, comprometendo a leitura a ser ultrapassada em alguma síntese movente e evolutiva. O fim que nós visamos é pragmaticamente duplo: de modo primário, é reencontrar a historicidade de um texto; de maneira secundária, mas necessária, é construir "um modelo" desse texto, "essencializar o acidental", segundo expressão de Paul Klee. Esta dualidade se prende às condições que regem o nosso saber atual, à estrutura de nosso pensamento e de nossa ciência. Ela resulta da própria visada de um esforço de conhecimento, na situação epistêmica de nossa cultura.

O discurso do medievalista comportará, assim, duas componentes mais estreitamente imbricadas do que essa "história" outrora separada da "crônica" por Croce. De um lado, esse discurso vai figurar uma realidade que foi concreta, mas deixou de ser; do outro, ele elaborará conceitualmente a descrição sob pena de produzir, ainda que sob um título patenteado pela instituição, uma dessas monstruosas bricolagens que evocam o bricabraque dos pesquisadores da pedra filosofal.

A poética, escreve Henri Meschonnic (e essas palavras se aplicam bastante bem à poética medieval), possue um rigor próprio, porém não tem modelos[2]. Entendamo-nos sob o sentido que conviria atribuir aqui a este último termo. Eu afastaria disso (dando razão assim, no fundo, a Meschonnic) toda ideia de abstração pura, matematizável.

---

1. Cf. M. Charles, *Rhétorique de la lecture*, p. 60; D. Patte; A. Patte, *Pour une exégèse structurale*, p. 16-17; P. Valesio, The Practice of Literary Semiotics, *Documents de travail*, n. 71, p. 1-8.
2. H. Meschonnic, *Pour la poétique*, v, p. 403.

Evitaria, de outro lado, concretizar o conceito de *welt-modell* (modelo do mundo) proposto por Jauss e, referindo-se a um conjunto mais ou menos fechado, não de representações, mas de regras que para nós funcionam como regras de decodificação, válidas para as operações praticadas por aquele que constrói este modelo. Esta construção não pode ser um ponto de partida: isso seria definir o Outro antes de tê-lo escutado falar. Seria admitir abusivamente, eu penso, a todos os níveis de investigação, uma codificação rigorosa dos elementos. Estamos longe da conta: a semioticidade geral desta civilização (à qual eu aludo) não impede que eu perceba aqui e ali uma espécie de recusa do codificar.

O estabelecimento de um modelo (de vários modelos parciais), será antes o coroamento da operação crítica – mesmo que nós não pudéssemos dela isolar o procedimento como uma fase particular. Por indução, a partir dos traços concretos que observa, o crítico elabora progressivamente os elementos deste "modelo", que ele deve retomar e corrigir sem cessar, mas na proporção em que se definem os textos particulares e manifeste-se entre eles uma coerência.

A civilização medieval, na medida em que ela mantém muitos traços daquilo que H. Berque (a propósito do Islã) chamava, culturas "paradigmáticas", presta-se, em todas as suas partes, mais do que outras, a este trabalho de modelização. Bastante afastado de nós no tempo, mas não demasiado; oferecendo uma documentação relativamente abundante; nem breve nem longa demais; complexa, mas quase desatada das contradições irredutíveis, esta civilização pode ser reconhecida, fácil e paradoxalmente, como uma espécie de mônada histórica: os fatores que a constituem, fortemente redundantes, veiculam, quando os consideramos em suas estreitas relações recíprocas, uma quantidade considerável de informações. Certamente todo modelo tende a se fechar sobre si próprio, e sabemos que na realidade vivida nada é fechado, mas a ficção de fechamento é, sem dúvida, da ordem da compreensão, é a própria condição que vai nos permitir pensar a "alteridade".

Esta operação de semigeneralização foi, há um quarto de século (e a propósito de um *corpus* diferente do meu, sem ser totalmente outro), magistralmente definida por Panofsky. As páginas estão em todas as memórias e eu não posso senão remeter a elas[3].

Relativamente a nossos textos, eu sugeriria que nenhuma unidade externa ou interna possa ser postulada; Eugène Vance, a partir de 1969, denunciava neste ponto um erro epistemológico frequente. A unidade (se existe) se conclui numa prova; mas, justo por esta própria razão, ela não se constitui a um nível muito elevado de generalização: melhor, neste nível médio no qual toma consistência aquilo que implica todo discurso histórico tão logo ele se desprenda e, por isso mesmo, que ele é discurso: o princípio de que a história possua, ao menos tendencialmente, uma certa ordem; mas que essa ordem não saberia excluir o inesperado.

Neste sentido, como eu entendo, construir um modelo é "jogar um tema ao acaso"; é praticar uma abdução sintética com valor de hipótese. É suscitar, entre as circunstâncias constatáveis, uma relação expressa em termos que são os nossos, introduzindo assim nossa própria historicidade, como uma moeda entre os trocados da outra: essa relação assegura, neste horizonte longínquo, nossa presença. Ela nos permite captar, com nossos aparelhos auditivos modernos, os ecos dessas vozes perdidas. Do ponto de vista da defunta objetividade positivista ela teria parecido inconfessável, mas não é mais essa a questão.

O "modelo" (eu o conservo em falta de melhor palavra) é o que permite descobrir o outro no prazer. Ele tende a fechar-se sobre si próprio como o retrato de um rosto. Não é senão um retrato: como fazer melhor? Nossa sorte é a dos príncipes antigos que se deixavam tomar por

---

3. E. Panofsky, *Meaning in the Visual Arts*, cap. I.

uma dama longínqua da qual os peregrinos vindos da Antióquia tinham trazido o retrato. Trata-se de acolher aqueles que vêm de Antióquia, depois partir, como Jaufre Rudel, mas sem mesmo a esperança de um dia morrer em seus braços ("morir entre sos bratz")...

Foi assim que quando eu preparava meu livro sobre os Grands Rhétoriqueurs, o despojamento das diversas fontes de informação me levou a construir, pouco a pouco, um quadro menos modelo do que esquema heurístico, cujos elementos, sem predeterminar minhas escolhas textuais, asseguravam a seu conjunto uma coerência significativa que permitia introduzir em sua massa um fator de movimento; os elementos se animavam, relações se organizavam, uma figura global se refletia na multitude desses espelhos, às vezes deformantes.

Forçando voluntariamente os dados externos, ainda que pouco, acusando certos traços (de acordo com minha própria sensibilidade, que de pleno direito tomava parte nesta empresa), adiando nuançá-los, eu admiti progressivamente que o extratexto em que se inscreviam meus textos já podia se definir em razão de seis ou sete parâmetros, manifestos de diversas maneiras:

1. perda progressiva da oralidade, das transmissões (pelo menos, fim de sua predominância absoluta);
2. por consequência, recuo das situações de diálogo virtual; recuo do papel da voz e da presença corporal; intervenção de mediações cada vez mais numerosas, entre as quais do livro impresso;
3. portanto, o afastamento dos sujeitos (autor/leitor); descontinuidade de que são testemunhas os numerosos traços de costumes, atestando a distância que o homem toma para com seu próprio corpo (horror da nudez, invenção dos garfos, dos lenços, transformação do regime alimentar). Eu não estava longe de pensar que esta distanciação tinha favorecido, por volta de 1500, a difusão da *poética* aristotélica...;

4. donde, a afirmação cessa de se opor à negação; mas, antes, a palavra à dissimulação;
5. as descobertas geográficas fazem recuar as antigas fronteiras cercando o mundo, e sobre as quais se situavam os Monstros; esses vão se esmaecendo no horizonte. Em contrapartida, descobrem-se Negros, Índios: os Outros não são seres monstruosos mas Homens, diferentes; quanto aos monstros eles se interiorizam: seu lugar não é mais um "lá longe", ele se cava na própria alma;
6. donde, a necessidade vital de manter, pelo menos ficticiamente, a continuidade entre essas aparências transtornadas e o ser: motor principal da invasão dos discursos pela multidão de emblemas. A alegoria, outrora um eficaz modo de leitura, perdeu seu dinamismo primitivo pelo fato de que a realidade indiscutível, à qual ela fazia referência, fragmentou-se, exauriu-se e a figura alegórica não faz mais do que promover abusivamente, em essência, qualidades acidentais.

Neste quadro um ou outro aspecto de tal texto tomava um relevo mais forte; um outro, menos. Planos se evidenciavam, linhas se orientavam, em perspectiva, rumo a um ponto de fuga: o retrato se desenhava à proporção e à medida da leitura. No centro da teatralidade desse mundo, a Corte do príncipe, teatro por excelência, apresentava-se como um lugar elevado, visível a todos, marcando o coração da Cidade (em razão de esquemas de pensamentos arcaicos, artificialmente mantidos e nos quais se acreditava ou se fingia crer), mas não separado dela e onde se *desempenhava* uma ação projetada num tempo imutável, ligado ao vivido por uma relação de analogia. Neste palco os Papéis reassumiam toda individuação num discurso emblemático. Mas este discurso era duplo (como dupla era a festa que ele pedia: Comemoração ou Carnaval): ora confirmava, ora invertia. O que ele confirmava era a aparência de um mundo que tomava por vazio; se ele se invertia era para mostrar o espelho deformante da paródia, manifestando este vazio: ou ainda o espelho não tinha estanho, era apenas uma janela fechada, para além da qual a Morte fazia caretas. Valores convencionados, fundados só na palavra do príncipe, do bispo ou de poetas, seus porta-vozes; ou ainda esta ameaça de aniquilamento; tudo isto inextricavelmente misturado. Duplicidade profunda das formas oferecidas, cujo sabor amargo ou irônico provinha da circulação incessante, dessas rupturas, dessa marola (*remous*), sob a firmeza retórica e a continuidade das superfícies.

A Tentação do Universal

Um modelo pretendendo à universalidade será tautológico ou absurdo. Sua eficácia só pode provir de sua aptidão para integrar e justificar o inesperado; para se opor aos objetos dos quais ele dá conta, como uma estrutura profunda a suas manifestações, mediatizadas por uma séria aberta de regras transformacionais. Assim, duas sequências de valores, cuja aparente contradição é a própria marca de uma historicidade, podem ao mesmo tempo se opor e se unir: o que no modelo é motivado, necessário, constrito coletivo e típico aparece no texto concreto como arbitrário, aleatório, livre, individual e novo. Estas duas sequências coincidem; elas se aplicam simultaneamente ao mesmo "fato", elas constituem em conjunto a sua verossimilhança.

Essa é uma das razões pelas quais não existe história total. Sobre a relação que precisamos explicitar entre significantes e significados históricos pesa uma ameaça de alienação. Remeteríamos, a propósito disso, a diversas concepções de Adorno no que toca à descontinuidade profunda da história, cujas manifestações são necessariamente fragmentárias; a própria ideia de "forma", ao mesmo tempo síntese do disperso e negação do total – e o que é o nosso objeto senão uma forma, quantidade de matéria levada em conta por nós na viscosidade do tempo e solidificada?[4]

Pela mesma razão não edificaremos jamais (mesmo se um entre nós sentisse essa estranha necessidade!) uma "teoria dos textos medievais". Por anos a fio, através de toda a Europa e muitas vezes na América sonhamos com a "teoria literária" (ou com a ciência da literatura!) e polemizamos sobre este tema, para instaurar um sábio ceticismo.

O que significa mesmo a palavra *teoria*, tão polivalente, nuançada em todos os domínios em que introduzimos seu uso? Ora designa um conjunto de proposições de estatuto demonstrativo, encadeando, em sistema de classes, geralmente abertas, propriedades convenientes a um domínio de objetos; ora ela designa um sistema de hipóteses cuja formulação supõe-se dar conta de conexões próprias a um campo de fenômenos previamente explorado e experimentalmente dominado ou em vias de sê-lo; ora, enfim, "teoria" designa um conjunto de determinações caracterizando a estrutura profunda, capaz de unificar, em sistema coerente, as classes de leis próprias a um setor de conhecimento[5].

Em nenhuma destas acepções a palavra se aplica bem a algum momento que seja da leitura crítica; menos ainda, talvez, a dos textos de épocas passadas do que de textos modernos, pois o desenvolvimento histórico das culturas (tanto quanto parece) raramente procede por sequências lineares, formalizáveis em discursos fechados, mas, em geral, por expansão multidimensional.

Diversas questões abstratas, em número limitado, mas de alcance considerável, impõem certamente respostas teoricamente orientadas:

---

4. P. Veyne, *Comment on écrit l'histoire*, p. 111 e 203-205; E. Le Roy Ladurie, *Le Territoire de l'historien*, p. 171; M. Jimenez, *Adorno: art, idéologie et théorie de l'art*, p. 200-204.
5. H. G. Ruprecht, Pour un projet de théorie de la littérature, *Documents de travail*, n. 72-73, p. 8; P. Valesio, op. cit.

- natureza e funções da significação poética;
- permanência, transformações e evanescência de formas poéticas na duração;
- estruturas cognitivas e emoção estética;
- lugar antropológico da poesia
- e alguns outros.

Estão aí as zonas de elucidação, focos de reflexão crítica, de onde esta irradia através da leitura, e a dramatiza. Mas estes não são de nenhuma maneira pontos de chegada. Toda teorização deve ser entendida aqui num sentido mais amplo, referindo-se à manifestação de um discurso do saber julgado por aqueles que o detêm, apropriado do conjunto heterogêneo de um certo número de realidades ou de virtualidades específicas. Não se pode fazer com que o poético pertença à ordem do particular. Ele só se destaca do geral no nível das pulsões profundas, individuais e coletivas que mal podemos conjecturar, quando nosso objeto é uma poesia do passado.

Insatisfeitos com o apriorismo de "modelos operatórios" em voga, inquietos pelas contradições que existem entre teorias concorrentes, diversos grupos de pesquisadores, em várias retomadas até o meio dos anos de 1970, tentaram, como sabemos, edificar uma "metateoria" do "fato literário". Uma tal ambição implica a ideia de uma cientificidade deste "fato", redutível ao funcionamento de um sistema fechado de leis: ideia arcaica ultrapassada pelo menos há trinta anos pelos físicos e biólogos. Todo conjunto retirado do real é aberto, o que não quer dizer caótico, mas a ordem que se pode perceber aí é uma ordem tênue, desfazendo-se e reformando-se sem cessar, muito aberta sobre o imaginável[6].

---

6. A. J. Greimas; J. Courtès, *Sémiotique: dictionnaire raisonné de la théorie du langage*, artigo "Théorie".

Conceitos e Pressuposições

Marrou colocava que toda disciplina de caráter histórico recorre a cinco espécies de conceitos. Dois dentre eles se referem a práticas antigas com as quais não temos o que fazer. Restam-nos três:

- conceitos de pretensão universal, elaborados por generalização, a partir de um certo número de fatos (assim, eu diria para tomar um exemplo simples, até simplista, do tríptico *lirismo, drama, epopeia*);
- conceitos técnicos de validade limitada no tempo e espaço (coloquemos canções de gesta ou laisses);
- conceitos designando um "tipo ideal" do qual é próprio jamais realizar-se plenamente (assim a *cortesia*)[7].

A distinção, pelo menos no que concerne aos estudos medievais, parece pertinente. Mas não estamos mais em 1950 e os termos que Marrou definia são hoje objeto de um investimento psíquico e ideológico que nos é próprio. Donde um problema de aparência metodológica, mas que toca nos fundamentos de uma epistemologia. Entendo aquilo que sobressai, na leitura dos textos medievais, da utilização de conceitos críticos formados a propósito dos textos mais modernos, ao longo de vinte ou trinta anos, graças ao enorme trabalho realizado nos caminhos abertos pelo formalismo, a semiótica, a psicanálise ou a sociocrítica de inspiração marxista.

Na medida em que estas pesquisas permitiram depreender, mais ou menos claramente, um "tipo ideal" da poesia, de escrita, do autotelismo da linguagem, elas nos permitem, sem nenhuma dúvida, nos aproximar de nosso objeto (quer se trate de uma canção de Minnesanger ou do *Roman de la Rose*) mais seguramente do que jamais o fizeram os métodos apreciados nos anos de 1920, 30, 40 ainda, e fundados

---

7. H. I. Marrou, *De la connaissance historique*, p. 143-159.

na leitura das *Artes dictandi*. Se a poesia medieval, com efeito, é poesia, ela se encontra, como tal, situada em oposição ao que o discurso dos clérigos, entre os séculos XI e XV, percebia e conceituava nos atos de linguagem: verdade, imitação e ornamentação, adequação intelectiva, o que têm elas a ver com a entidade poética? De onde a incapacidade de um Faral, outrora (para nomear apenas ele), em avançar um passo diante daquilo que os nossos velhos textos têm de mais intenso.

Certamente, a maneira pela qual a crítica hoje aborda e trata esta ou aquela problemática não é, absolutamente e como tal, melhor que a das críticas de ontem. Mas ela está fundamentalmente ligada aos nossos modos de pensar e de sentir naquilo que eles imediatamente viveram e, portanto, ela é relativamente melhor. Talvez as proposições que ela coloca já estivessem, em termos aparentemente equivalentes, há uns três quartos de século. Aí concordamos; isto foi dito; mas por causa de um outro modo de conhecimento. Ora, este não pode ser destacado de uma situação, de superestruturas das quais todo deslocamento parcial modifica o conjunto a ponto de este, por efeito de uma recusa ou de uma ignorância, permanecer imóvel no seio deste vasto movimento, de subsistir apenas uma forma vazia. Eu não saberia falar da *Chanson de Roland* como um homem do século XI ou XII: porque me reprovar de fazê-lo como homem de 1979 mais do que 1900?

Sem dúvida a escolha "modernista" comporta riscos. Em 1979 também tivemos nossos mitos... Mas isso importa menos do que esta intertextualidade crítica de que falava a pouco Leyla Perrone, resultante de um trabalho propriamente dito, de absorção e de re-elaboração de outros textos (críticos) por e naquilo que eu escrevo[8].

É lastimável que uma maioria de medievalistas persevere em ignorar este problema, fechando os olhos a suas implicações. Outros o eludem, fingindo reduzir a complicações de vocabulário todo enunciado vir-

---

8. L. Perrone-Moisés, L´intertextualité critique, *Poétique*, 27.

tualmente interrogador sobre este ponto fundamental. "Jargão" ou não, concordaremos que isso nada tem a ver com o assunto, mesmo que a ausência do jargão seja mais agradável: mesmo que se deva deplorar, em alguns círculos, uma espécie de poluição linguística, se não intelectual. A única dificuldade real, embora superável, prende-se ao fato de que os instrumentos críticos "modernos" foram apurados ao curso de uma reflexão sobre os textos contemporâneos, ou quase contemporâneos, que não colocam o problema da relação intercultural. A maior parte do tempo seu estudo só concerne à história a partir de um aspecto desta: enquanto constituinte da profundidade e espessura do presente, e não enquanto suscite a presença do Outro. Quase todas as pesquisas em questão, no mais bastante heterogêneas, estão assim marcadas: geradas pela cultura ocidental dos meados do século XX, ligam-se de toda maneira à especificidade desta e nada me parece mais duvidoso do que a universalidade das suas possibilidades de aplicação.

Aparentemente estamos num beco sem saída. A única saída, se há uma, se encontra na prática. Estes instrumentos críticos poderão ultrapassar a "diferença cultural"? E no caso de poderem, em que condições metodológicas e ao preço de que transformações? A possibilidade de responder a estas questões depende, em grande medida, de uma comparação de natureza filológica entre as circunstâncias que cercam a produção dos objetos: o objeto moderno e o medieval. Estas circunstâncias são de todas as ordens e sua descrição exige uma certa interdisciplinaridade: circunstâncias socioeconômicas, tecnológicas, ideológicas, fantasmáticas, estéticas... Em todos os planos aparecem semelhanças e diferenças; mas cada uma delas talvez seja aparente ou funcional (os gestos modernos da elegância provêm formalmente, por um lado, dos antigos ritos cavaleirescos; mas sua função é totalmente outra). O mesmo quanto ao nível textual. Donde, a cada momento da leitura do texto medieval, uma dupla necessidade: depreender as marcas formais a partir da maneira pela qual este texto se inseriu na cultura de seu tempo e, simultaneamente, redefinir, adaptar e às vezes rejeitar os conceitos críticos modernos, de maneira a torná-los adequados para reter esta historicidade.

Evocarei, por exemplo, a noção de *texto*, hoje indispensável tanto do ponto de vista da linguística como da poética ou da crítica das ideologias. Materialmente temos, sob os nossos olhos, "textos medievais". Mas vários fatores concorrem para nos fornecer uma definição diferente daquela de texto moderno:

- complicação do próprio ato de escritura (fraco manuseio de utensílios; carestia);
- especificidade das motivações possíveis deste ato (mecenato, comemoração, propaganda) e censuras que a ele se opõem;
- pouca frequência deste ato; raridade relativa do livro, objeto de fabricação artesanal, sem dúvida, privado de rentabilidade econômica;
- fraca difusão (a imprensa só modificará sensivelmente este estado de coisas a partir do século XVI);
- incapacidade de ler, para a maior parte do público: seja por falta de livros, seja por analfabetismo;
- consumo auditivo da maioria dos textos; por leitor público interposto, pela recitação de memória ou por improvisação oral.

Estenderíamos facilmente esta lista à qual é preciso acrescentar o conjunto de fatores da "movência" do texto – mesmo se esta movência só afetar uma parte da poesia medieval. Pelo menos os traços assinalados aqui revelam, entre outras coisas, que o texto medieval está muito mais próximo do corpo daquele que o performa (autor, recitante, cantor) e daquele que o consome (ouvinte e leitor) do que o texto moderno. O texto medieval, bem mais do que o texto moderno é gesto, ação, carregado de elementos sensoriais. Sua relação com o emissor e o receptor é necessariamente outra, e mais concreta.

Outro exemplo: *a escritura*, termo que, na crítica, sobretudo a francesa dos dez últimos anos, foi muitas vezes empregado para se referir a uma espécie de entidade autônoma e perdeu sua denotação primeira de ato escritural. Tudo o que se disse do que a constitui enquanto prática particular, da dispersão que ela opera dos termos da ação comunicativa, representa, no entanto, uma aquisição conceitual da qual não se saberia abrir mão sem prejuízo. No entanto, a palavra *escritura* designa também um conjunto de fenômenos historicamente condicionados, influindo de modo determinante, mas variável, na intensidade de seus próprios efeitos.

- a escritura é a operação da mão que consiste em traçar caracteres, com a ajuda de um instrumento qualquer, sobre matéria preparada para este fim; esta operação supõe uma intenção de comunicação diferida, para além de um tempo e espaço determinados;
- a escritura é também o conjunto de condições e circunstâncias (biológicas, psicológicas, sociológicas etc.) desta operação;
- enfim, *escritura* designa globalmente o resultado da operação assim condicionada e situada.

Cada um desses elementos exige ser redefinido a cada momento da história. As canções de gesta francesas, fixadas por escrito nos séculos XII, XIII, XIV, conheceram anteriormente – não poderíamos duvidar – e talvez mesmo ulteriormente, um período de transmissão oral; diversas analogias, tomadas de empréstimo a outras culturas "paradigmáticas", nos inclinam a pensar que pelo menos diversas destas canções foram inicialmente produzidas de maneira oral ("improvisadas"?). Não se pode, pois, a propósito delas falar de "operação escrita" original. Entretanto (creio tê-lo mostrado desde 1963, em *Langues et techniques poétiques*), o efeito de "comunicação diferida" se produzia na própria performance, pelo emprego de uma linguagem quase ritual. A oralidade, por certo, ligava o texto dito a um *hic et nunc*, instaurava-o numa presença: mas esta se encontrava ficticiamente arrancada de suas condições concretas de espaço e de tempo, pois ela promovia uma imagem mítica da sociedade, na qual o cantor e seus ouvintes participavam em comum. Quando da fabricação de nossos manuscritos, um ou dois séculos mais tarde, a operação de escritura pode provocar um segundo efeito de distanciamento e de dispersão comunicativa: fundada no primeiro, este segundo efeito o acusa, o corrige ou substitui, superpondo-se.

Outro exemplo ainda: a noção de "intertextualidade" é uma daquelas de que o medievalista pode tirar maior proveito, nuançando-a (pois ela funciona em vários níveis) e distinguindo-a muito precisamente, por um lado, do biologismo das "fontes", por outro, e mais sutilmente, do conceito medieval de *imitatio*. Os termos, com efeito, não são intercambiáveis. *Intertextualidade* parece muito mais apta para dar conta daquilo que hoje pensamos sobre o modo de existência dos textos. Quanto à palavra *imitatio*, ela designa, na época medieval, a reprodução, num texto, de uma ordem racionalizada pelos meios próprios dos artistas figurativos. Quer dizer que a imitação passa pela razão. Ela está em conformidade a um certo discurso poético ou pictural, sujeito a uma ordem concebida pela razão. Conformidade que respeita os *convenientia*, isto é, uma certa verossimilhança interna do texto.

Seria interessante e não irrealizável organizar assim um léxico que corrija os termos mais frequentes na análise textual moderna. Mas este léxico só teria um valor relativo, porque nossa Idade Média representa uma longa fatia da história, e (mesmo levando em conta a estabilidade de suas estruturas) as circunstâncias de um texto do século XII não são idênticas às de um do século XV; "a cultura medieval", embora mais homogênea do que a nossa, não foi monolítica. É ao nível de cada texto ou classe de texto que uma redefinição deve ser operada.

Não se trata por isso, compreendemos, de selecionar ingenuamente algum vocabulário da moda nem abaixar a cabeça para todos os painéis da publicidade universitária... Um discurso crítico só vale na medida em que, ao construir-se, ele se desconstrua para se reconstruir autocriticando-se; em que, tramando suas redes, ele saiba, como dizia Daniel Poirion, "re-introduzir a diferença numa perspectiva de semelhança".

Isto corresponde a colocar as cartas na mesa, interrogar o discurso sobre sua linguagem e desnudar, na medida do possível, as conjunções subjacentes a esta aparente dualidade; fazer a parte da "descoberta" e dos mitos que lhe conferem coerência. À empresa, em nossa palavra, de uma língua vinda de outra parte longe de nós, só temos chance de escapar dando uma volta sobre ela, incessante retomada, sujeitos que somos tanto determinados (portanto não originais) como determinantes (portanto necessários).

Que todo discurso implique em pressupostos, isto é em si indiferente. A descoberta, a imposição de sentido, a articulação no tempo (se aceitamos reduzir emblematicamente a este esquema a tarefa-tipo do medievalista): enquanto níveis de pressuposição. Certamente os conceitos colocados em jogo por todo o trabalho de pensamento, tematizando um fragmento de universo, não são tematizáveis neles mesmos, nem na própria operação; importa, pelo menos, explicitá-los. Resta que esta desejável explicitação pareça hoje mais rara entre os medievalistas do que entre outros historiadores ou críticos, a ponto de ter sido possível perguntar com humor se sua especialidade não se apoiaria num medo do "conhece-te a ti mesmo".

Em Busca de um Rosto

A validade última, a eficácia prática de uma noção, pela mais forte razão de uma proposição teórica, se prendem ao vigor de raízes que mergulham no concreto, acompanhando uma seiva indutiva que não cessa de alimentá-los. Todo esforço de generalização ou explicação, toda pesquisa causal, toda tentativa de desvendamento das funções profundas, quaisquer que sejam os procedimentos que elas realizam só tomam sentido no e pelo trabalho de informação que as acompanha, nutre e, por sua vez, elas fecundam.

Muitos homens da minha geração ou da seguinte esqueceram às vezes desta banal evidência, em proveito de uma metafísica que fazia calar seu nome. Sem dúvida, somos assim para o bem ou para o mal, coletivamente responsáveis pelo "ralbol" que constatamos em muitos de nossos estudantes, seu desinteresse pelo peso, pela cor e sabor das coisas; sua desconfiança da aparente segurança que oferece a sensação de ter um solo sob os pés, seja de areia ou de lama, que importa? De sua falta de gosto pelos textos, pois se trata de textos... Vítimas, dizemos, dos *mass-media*: sem dúvida porque esses emblematizam, a nosso ver, a dilapidação do capital memorial que as pessoas "distintas" chamavam, ainda há poucos anos, a "cultura"; capital depositado num número escolhido de livros, na cabeça de mestres reconhecidos, em algumas disciplinas organizadas (nisto mesmo é que se fixou a Idade Média pela prática das "artes liberais"!) e cuja renda nós recebíamos sob a forma de discursos elaborados, de validade virtualmente eterna. Que importa aos nossos "jovens"? Um instinto seguro lhes revela os laços que prendem este saber aos preconceitos mais enraizados de uma sociedade que eles não querem mais. Como espantar-se se eles os rejeitam?

Cabe-nos, enquanto é tempo, reinventar, em outras bases, numa outra perspectiva, com outra moral e discursos, ao mesmo tempo construídos e comuns, capazes de ex-por nossos problemas verdadeiros e de fazer assim concebível e possível ultrapassar os conflitos que nos paralisam. Em vez de entregar seu lugar primordial e eminente ao lento labor ingrato da informação, à colheita de documentos, às vezes fastidiosa, à leitura inicial (o "despojamento"), devemos nos consentir em renunciar a tudo porque não há mais nada a dizer, em meio a esses tesouros que fogem de nós e mudamente nos interpelam? Achatados, esmagados sob o papel ou o pergaminho pela espessura pesante dos séculos, o que eles esperam de nós é que lhes entreguemos um volume: mas como empreender alguma coisa de êxito, antes de atentamente levantar o traçado inesperado, as mensurações dos escombros, tendo inventariado o sítio, datado os sedimentos?

Entre todos aqueles que se dedicam aos textos, os medievalistas, é verdade, foram os menos tocados por este desafeto geral pelo saber; mas se eles foram preservados, foi mais por inércia do que por vontade. Mas, de resto, nem todos o foram; em alguns setores destes estudos e num determinado país, em certa escola mais do que em outra marca-se ainda uma espécie de pudor para com a erudição outrora dominante. Cede-se, mesmo com atraso, ao prestígio de outras virtudes, emprestadas da linguística ou da semiologia. Por que retocar uma filologia envergonhada de suas rugas; envergonhada sem razão, porque, o lembrava Pierre Guiraud, um saber que resistiu aos séculos, pode bem ser julgado teoricamente falso, permanecendo total e praticamente utilizável, contando com certas precauções. Subsistiria um perigo inverso que evitaremos, sob pena de deixar intocado o essencial de nossas intenções mais profundas.

Não se trata de negar o ganho considerável de um século de erudição, quaisquer que tenham podido ser as distorções, nem de fechar este canteiro sempre aberto; mas, ainda menos por excesso contrário, anexar sem nuance a uma ideologia contemporânea conhecimentos de agora e já assegurados. Há uma outra coisa a ler de outro modo. Desprovida dos confortos teóricos, a erudição se perde nas areias da memória. Ela não tem ao menos uma função própria (e que nada a faz substituir), que é afastar um a um os elementos do "meio cultural" e, em medida menor, do "espaço textual". O historiador da "literatura medieval" não trabalha em vão, quando ele chega a provar que se conhecia desde 1060, na Espanha, uma versão da *Chanson de*

Roland. A descoberta não está em causa; o que está é o destino dado ao conhecimento que ela gera. É a consciência que precisamos tomar de que a informação factual preenche uma condição necessária a toda leitura crítica: o situar no lugar respectivo do objeto e de seu observador.

Certamente os fatos que a erudição descobre são apenas "fatos" produzidos a partir de nossos discursos, eu o tenho lembrado, e válidos por tanto tempo quanto permaneçam estáveis as relações proposicionais que as constituem; com mais forte razão ainda por se tratarem de experiências de que não participamos mais. A enganosa inocência de nossos antecessores levou-os a mais de uma descrição, a mais de uma definição, hoje inadmissível, forjando um ser de razão ou de vento do qual nem percebemos mesmo a utilidade metodológica. Assim, de tantas construções apressadas, da ordem do que se diz biográfico, tautologias perfeitamente circulares, a que se juntam ainda, por alguns retardatários, sua leitura de um texto (exemplo ilustre e sintomático: a maior parte dos trabalhos consagrados ao *Testamento* de Villon); assim tantas reconstituições de uma "versão autêntica", como se praticava outrora; assim, os métodos e datas fundamentadas nas "alusões" feitas pelo autor a "fatos históricos", muitas vezes problemáticos (penso no escritor Gauthier d'Arras, no próprio Chrétien de Troyes, objetos de polêmicas cronologizantes, dignas de análise crítica!).

Uma atenção deve estar preparada em vigília, a todo instante, para as revisões indispensáveis: o "fato" é para nós justamente o que especifica esta atenção, não como objeto pensado, já o dissemos, mas como "limite do pensável"[9]. Pelo menos subsistem as fundações, que teríamos razão em tomar por resíduos: técnicas rentes ao pergaminho; antiga e gloriosa filologia; todo um aparelho para

---

9. M. de Certeau, *L'Écriture de l'histoire*, p. 99; cf. Ch. Mela, Pour une esthétique médiévale, *Le Moyen Âge*, 84,1, p. 113-127.

validar a realidade dos textos, para atestá-los, torná-los credíveis.

É pela erudição que passa a descoberta da alteridade de onde provém o prazer: e só há prazer com o Outro, um outro concreto, historicizado. O prazer traz uma marca histórica: se meu objeto é uma mulher amada, a história já é dada a partir do fato mesmo de que ela existe, aqui e agora. Se o objeto é um texto medieval, preciso conhecer seu corpo; mas este corpo só descobrirá para mim uma informação tão completa quanto possível.

Daí, uma vez ainda, o único problema verdadeiro: como articular o primeiro conhecimento que adquiro deste ser, com uma compreensão que implica de minha parte o reconhecimento desmistificador de minha própria historicidade? Não no sentido idealista da *subtilitas applicandi* dos teólogos hermeneutas, mas o de um levar em conta das implicações de minha pesquisa (no eixo aqui e agora) na condução desta; de uma integração à minha própria consciência, da irredutível mediaticidade de meu saber histórico. Por que, em virtude de quais motivações sócio-históricas, pessoas se comunicavam umas com as outras por meio e favor de tal forma? Quem se comunicava com quem? O meio cultural que transparecia nos textos não foi, sob diversos pretextos, camuflado pelos escribas que os constituíram, ligados a uma estreita classe dominante? Cabe-nos encontrar aí as marcas de um conflito entre muitas forças coexistentes: predominâncias alternadas e busca de um encontro no corpo da contradição. Ideologias aí se investem, sistemas concorrentes de representação, refletindo os antagonismos de uma sociedade, ao mesmo propósito de outros sistemas simultâneos, não menos deformantes; não menos protetores em sua finalidade – incessantemente distorcidos por uma distância mal redutível entre o sistema de referência e as condutas efetivas: distanciamento que nada permitiria então nomear.

A este nível, não menos que a outro, permanece grande e aberto o campo de um labor necessário. Ficam documentos demais para inventariar, publicar, reler e re-situar. Trabalho de campo, entre a massa enorme de materiais brutos, exigindo a utilização adequada de instrumentos críticos elaborados pelas ciências humanas, mas também a vontade de historicizar esses materiais, substituindo-os no tecido complexo de seu tempo. Trabalho em duas fases. Fase primeira: reunir as manifestações de um mesmo fenômeno, ao mesmo tempo enquanto outrora produzidas e vividas, enquanto conceptualizadas pelo pesquisador. Fase segunda: reagrupar esta série numa unidade mais vasta e da ordem do racional.

Eu não quero, portanto, designar por "erudição" apenas a colheita de documentos reunida tradicionalmente com uma humildade ostentatória em direção ao material desta. A exaustividade da informação não é só impossível; ela é inconcebível; a informação é por natureza fragmentária; a erudição que procede à primeira classificação dos dados tem por essência sua incompletude. Portanto, para o medievalista, ela vai consistir menos em preencher as brechas e arrolhar os buracos do que em articular cada fragmento à série dentro da qual ele se dispõe, seja por projeção de elementos quantitativos seja por extrapolação de um efeito de sentido. A passagem da documentação à interpretação, da escritura documental à leitura que, "graças a ela", vai ser feita da "história" leva assim de um termo *realmente* fragmentário a um fim *virtualmente* totalizante.

Ora, neste ponto, os resíduos da concepção clássica de unidade da obra ofuscaram, por tempo durável, os estudos medievais. Uma série de metáforas (das quais não se tinha mais consciência de que tivessem existido) colocava *a priori* a "obra" como um organismo vivo. Donde a necessidade de descrevê-la num todo fechado e autônomo e quando o texto escapulia, as intervenções eram praticadas em nome de uma filologia degradada: tratava-se à luz (se ouso dizer!) de uma "experiência" crítica própria do século XIX, terminando os inumeráveis textos compostos, lacunares ou (por vezes supostamente) inacabados ou hipertrofiados: a *Chanson de Guillaume*, o *Conte du Graal*... ou o *Jeu d'Adam*, dos quais se recortava, para simplificar, o longo poema pelo qual ele acaba no manuscrito. Ambiguidades que foi preciso manter como tais. Criavam-se causalidades que se jogavam umas contra as outras, a fim de restituir "a verdade" una por definição. Entre aqueles que foram tocados pela tentação formalista, por volta de 1950, este conjunto de preconceitos foi reassumido sob a perspectiva de uma totalização estrutural.

Nossa tarefa (e quem hoje o duvida a sério?) é mais a de agarrar os pontos de ruptura, os focos de brilho: nossa própria fragmentação operada pela leitura.

Pluralismo

Esta exigência funda a necessidade do pluralismo da informação que eu invoquei no início deste livro. Num sentido próximo a este, Jacques Le Goff fala de um ecletismo argumentado e de derrapagens sucessivas.

Não podemos mais escapar ao cabo de um século e meio de pesquisa, à questão: a necessária decomposição analítica, que os procedimentos então constituídos praticam, deve responsabilizar-se pela decomposição de nosso objeto numa atomização geral? A separação de diversos caracteres do objeto (indispensável num primeiro tempo) se fará pagar por um preço forte: a incomunicabilidade das disciplinas e a deslocação do conhecimento "em mil saberes ignaros" (como diz Edgar Morin)? De fato, o pensamento contemporâneo, em seu conjunto, recusa tais limitações[10]. Talvez a mentalidade coletiva de nossos contemporâneos (todos eles e, com eles, nós os medievalistas) se volte, para além das transformações imagináveis, a uma atitude de espírito comparável à da Idade Média: a convic-

---

10. Cf. J. Le Goff, *Pour un autre moyen âge*, p. 109-110; E. Morin, *La Méthode I*, p. 33-67.

ção profunda de que toda coisa, vida, história faz, ou pelo menos aspira, a construir sentido. De onde uma incoercível necessidade de interpretação bastante forte para canalizar os elementos de informação, os mais heterogêneos, e de reatualizá-los em nossas preocupações presentes: tendência universal, parece-me hoje, na civilização dita tecnológica. Tendência selvagem que o estudioso não deve contrariar, mas capturar e submeter, sem oprimi-la ao controle racional.

As estruturas profundas emergindo, num acontecimento circunscrito, se delimitam de perto por aproximações sucessivas e teoricamente distintas. Em vez de tender a uma globalidade ilusória, não cessemos de deslocar os elementos da encenação, recusemos o fechamento do lugar, no ponto em que começam, pelo menos, a se desmantelar os quadros ideológicos, a dissipar-se a tela pela qual eles nos isolam.

O que se edifica assim é o emaranhado de hipóteses, tendendo à interpretação da *ideia* de texto, no sentido que se dava a esta palavra, no século xv; relativo à forma do corpo, à aparência perceptível, aos traços que fundam a espécie. Hipóteses organizadas em dupla série, segundo convirjam de maneira sintetizante ou que por aí se escapem: de sorte que estes discursos múltiplos, mantidos a propósito do mesmo "fato" atualizem, em acontecimentos diferentes, contraditórios ao máximo. Defasando as problemáticas, constrangendo os métodos a encavalar-se uns sobre os outros, o leitor crítico dos textos medievais sabe que não encontrará para alugar, em nenhuma parte, a cadeira de onde assistir ao conjunto do espetáculo, seu funcionamento, suas máquinas e palavras, ditas por estas máscaras.

Trata-se menos de partir de métodos pré-fabricados que de recusar toda simplificação e rejeitar as disjunções, quando elas se revelam empiricamente abusivas. A erudição só pode, hoje, ser inter (ou mais ainda trans-) disciplinar. Ela rompe, de fato, a pura linearidade dos efeitos e das causas e tende a instaurar o acontecimento (o texto) como entidade significante, certamente, esquiva em si própria, mas da qual todas as manifestações constituem os sinais. Nós não chegaremos a constituir essa entidade, porque ela também é apenas um ser de razão (mas de *nossa* razão). Pelo menos, chamemos a nós a esta tarefa o maior número possível dessas disciplinas correlativas e não hierarquizáveis, designadas pela expressão, talvez contraditória, de "ciências humanas".

Que flutua, no fundo dos sonhos, que vivificam esta atitude intelectual, uma longínqua lembrança utópica (*de omni re scibili*), não cabe aí discordar. Sejamos conscientes disso e protejamo-nos. Afinal, compreendemos bem que eu não prego por um amadorismo, sempre mistificador, nem por alguma justificação de ignorâncias mútuas[11]; porém, por uma radicalização das disciplinas especializadas, autorrenovadas, crítica de seu conteúdo, assepticamente ancoradas em seu objeto concreto, portanto, negadora de toda pretensão totalitária. Ainda assim, o pluralismo se choca em algum lugar nos limites: estes mesmos que confinam a universalidade das significações, sua unidade, sua pertinência. Esses limites são as condições históricas que os estabelecem. Admirável ambiguidade de muitos textos medievais, a generosa difusão de sentido que deles emana não justificam uma completa diluição de sua leitura. Elas exigem mais que tudo a enunciação de um discurso, em estado de tensão, contra os constrangimentos institucionais que ordenam repetir-se, reproduzir-se incessantemente, porque ele recusa ser feito de exterioridade pura e simples.

Poderíamos assegurar que o pluralismo inter ou transdisciplinar funciona sobretudo como "conceitos de pretensão universal", dos quais falava Marrou. Permite, por cumulação das observações de base, abalá-las ou confirmá-las, diminuir ou assim fazer crescer a credibilidade, portanto, a eficácia crítica.

---

11. Cf. H. Meschonnic, *Pour la poétique*, v, p. 417.

O texto não fica menos movente: fragmento de si, jamais o mesmo, mutabilidade fundamental, que apenas camufla uma máscara de organicidade, um tanto como o eu (*je*) constitui a máscara unitária e fictícia dessa sequência de fragmento que foi minha existência. Pluralidade de desconhecidos significantes dos quais é duvidoso que consigamos identificar a todos, não mais em sincronia do que em diacronia, donde as precauções que se impõem às passagens perigosas de um tal itinerário:

1. na prova das competências que aparecem nos diversos campos em prospecção: competências ambivalentes, indispensáveis à validade das conclusões gerais, ameaçando frear, por causa de seu peso próprio, meu impulso para a generalidade;
2. quando da travessia, rumo ao transdisciplinar, dos limites de uma disciplina especializada: travessia que implica na ruptura de uma rotina (portanto, de uma segurança), e se opera num plano de conceitualização mal determinável *a priori*;
3. no curso da transferência de terminologias: transferência que só pode gerar, seja pelo viés de empregos metafóricos, ambições dominadoras, de uma parte ou de outra, da linha de demarcação.

De toda maneira, no universo em que vivemos, quaisquer que sejam os fatores constitutivos, não possuímos direito de propriedade sobre nenhum discurso crítico, pois ele se exerce, doravante, ao encontro do próprio. Por isso, a interrogação que esteve na moda há pouco ("de que lugar você fala?") soa falso. Ela supõe uma certeza topográfica que eu ignoro. Ela me eleva, ao mesmo tempo, a parceiro e a juiz de uma situação de estabilidade. A resposta não pode ser declarativa, não falo daqui nem daí, mas da movência deste canteiro.

5. O RECITANTE* DA HISTÓRIA

Cada uma das duas historicidades que se afrontam na leitura crítica da obra medieval se investe em um texto: texto alvo e texto glosa funcionam como interpretado e interpretante. A relação de uma a outra se estabelece em dois momentos: a escritura/leitura e leitura/escritura. O que eu escrevo, sejam artigos de algumas páginas, notas que daqui a pouco eu deixarei pingar, opera esta dupla passagem: da escritura do documento, meu objeto, ato de linguagem inscrito num suporte material e em muitas durações de tempo encaixadas (o tempo necessário para escrevê-lo; o tempo pessoal do escritor; estes séculos entre ele e eu; nossa modernidade, enfim). A leitura, que eu tento, ao escrever, me propõe decifrar este documento como texto e como história.

---

*. Recitante e narrador aqui se encontram. Deixamos recitante para ressaltar o valor da voz (N. da T.).

A leitura se situa tanto naquilo que foi o horizonte de espera dos Outros, jamais apagados, e no meu próprio; na escritura se pronuncia, num extremo dessa cadeia, um discurso do qual ignoro a intencionalidade e cujas determinações só posso reter parcialmente; no outro extremo, o meu, carregado de tudo o que sou, de acordo com a linguagem que me deram. Escritura/leitura, leitura/escritura, jogo de espelhos que capta o reflexo de valores mortos sob o estanho de valores vividos, *speculum in aenigmate*... Em verdade, as linhas que traço, no fim das contas, não se reduzem a sua função intencional de glosa; elas constituem o lugar de troca entre dois campos de força, o do texto lido e a do meu texto/leitor que, por sua vez, será lido. Eu ligo um discurso novo, ainda em processo, carregado de implicações, que apenas conheço, a um discurso suspenso sobre o seu irremediável inacabamento.

Meu texto tenta assim *contar* o outro, brasão em abismo sobre o seu "campo". Meu texto é escrito e ele o é duplamente. Marrou assinalava que todo conhecimento histórico reveste naturalmente uma formulação narrativa, em razão de seu funcionamento social. E mais ainda, torna-se evidente hoje que toda teorização, ainda que parcial, tende a instaurar o equivalente de um mito e que o discurso crítico, qualquer que seja seu grau de abstração, não cessa de veicular partículas de narrativa.

Narrativa, neste contexto, se refere a uma racionalidade do discurso, a uma colocação, em ordem, daquilo que foi retido como "fatos". Eles se referem a uma inteligibilidade certamente mais limitada do que aquela que reivindica o autor de um romance ou de um drama "histórico"[1], lembrava ainda Marrou; no entanto, fundamentalmente da mesma espécie. Narrativa desprovida, pelo menos em intenção, de ingenuidade; relato interrogador no segundo e terceiro grau, reintroduzindo a polissemia de seu objeto.

1. H. I. Marrou, *De la connaissance historique*, p. 30 e 44-45.

Entre os praticantes da pesquisa histórica pura, constatamos, é verdade, um desejo de se libertar da narrativa. O que os inspira não é outra coisa além de uma reação crítica contra a tradição (de origem greco/romana confirmada na Idade Média), que fazia da historiografia um relato de relatos produtores deles mesmos, infinitamente, tendo em vista alguma significação moral. A eliminação de todo elemento narrativo não constitui, de modo algum, algo melhor que um termo fantasmático.

Nosso discurso abarca três planos de realidade tão fugidios e contestáveis uns e outros: o dos acontecimentos (para nós, os textos medievais), o da história como tal e o do texto que escrevemos. O primeiro funda o terceiro, que interpreta o segundo, e que torna perceptível o primeiro. O "momento" da interpretação implica necessariamente, pela relação com a série em bruto dos acontecimentos delimitados, uma redução textualmente manifesta sob o aspecto de um esquema narrativo, mais ou menos sutil e confessado[2].

Esta estruturação segunda do referencial, essa mimese específica, procede, por um lado, daquilo que Lucette Finas chama o "excesso" na leitura, e é da ordem do ficcional. O desejo inconfessável de totalização, ao qual fiz alusão acima, inscreve-se profundamente na leitura histórica (e mesmo aquela hoje recalcada), passa menos pelas grandiosas ambições retóricas ainda nutridas no passado, por um Toynbee ou um Curtius, que – de modo mais transverso – pela ficção inerente a toda palavra narrativa.

No entanto, a ordem da narrativa (a ficção que minha leitura do texto constitui), não se identifica, como tal, com uma ordem da narração que se engendra na escritura. Daí uma deiscência naquilo que eu escrevo: e tanto melhor demarcado, o que nos foi necessário, pelas razões que

2. Ver as contribuições de H. Weinrich e K. Stierle em W. Stempel; R. Koselleck, Geschichte, Ereignis und Erzählung, *Poetik und Hermeneutik*, 5, p. 519-529 e 530-534; cf. S. Friedlaender, *Histoire et psychanalyse*, p. 38-40.

lembrei, rejeitar, ou denunciar a obsessão antes experimentada por nossos mestres em favor de tudo que patina, une, preenche, lubrifica; denunciar seu horror tranquilo a tudo que desliza, furta-se, multiplica-se contraditoriamente, se disfarça, mente: portanto, horror pela própria vida. Nossa tarefa é, ao contrário, instaurar esse discurso crítico, dialógico de que falava Roland Barthes, retendo os pontos de ruptura, distinguindo os focos de brilho do real. Relato descontínuo, linhas semânticas quebradas, misto de ciência e ficção; onde apenas a segunda torna comunicável e fecunda a primeira: minha narrativa transforma o "fato", que ela recorta num *fazer*; ela revela, no texto lido, uma ação.

Tal é minha ficção, cuja referencialidade procede menos de uma reivindicação de autenticidade do que de uma subordinação da sintaxe narrativa de um modelo construído, que tem por função torná-la inteligível como tal. O fato, de saída, serve de índice; e a finalidade do discurso é a organização coerente de um certo número de significantes. Ao mesmo tempo "efeito do real" e não dito, o objeto de minha palavra crítica mantém-se em posição instável. O que fazer mais do que cair na metafísica? O que escrevo deste velho texto que eu amo é apenas uma transição provisória entre eu e ele, um outro definitivamente ausente de nossa comunidade, colocado em meu discurso. Com-preensão à qual eu aspiro, procede de um desejo capaz de suspender o efeito de alteridade; mas meu discurso, com todos os recursos documentários e sua retórica, não poderá jamais enunciar se não a semelhança deste outro, criar o seu lugar em mim e em vocês. Explicitando minha própria relação com o passado, esse discurso instaura a colocação em cena do outro em nosso presente; ele não recria aquilo que já morreu.

Dialogismo e Alegoria

Um discurso crítico/dialógico... Uma narrativa jamais concluída. Não é deste modo que os homens da Idade Média falavam dos textos antigos (para eles, na mesma posição que ocupam os textos medievais para nós)? Copiar, remanejar, glosar, moralizar em virtude das múltiplas analogias, graças às quais, naquele mundo, ele próprio se representava; num comentário incessante, aberto, a todo instante reaberto para um auditório concreto e móvel, jogando de maneira simultânea muitos jogos em muitos planos. O que, naquilo que lemos, deixava de lado tanto a hermenêutica idealista quanto o estruturalismo nascente. O que era isto senão justamente estes sentidos contra o sentido; estas imagens especulares, termos de inconsistência dos quais o medievalista se livrou espertamente, colocando-os por conta dos erros de transmissão?

Os conservadores nos acusarão de confusionismo? Invoquemos, sobretudo, a obliquidade do discurso, a rejeição da monossemia que se pretendia exibir no "medievalismo científico" tradicional (mais do que outras disciplinas, então), sem jamais haver provado a menor relação entre a unidade do sentido e a validade do saber. Recusamos esta cientificidade repressiva.

Se, recusando também um agnosticismo sumário, insisto no aspecto ficcional do texto que escrevemos, é porque não existe verdade nele: ou, sobre ele vale dizer, que a verdade não é apenas uma.

Nós o sabemos, em princípio, mas um longo costume mental nos leva ainda, quando relaxamos o controle crítico, a supor no conteúdo de todo discurso um caráter binário: verdadeiro ou falso. Em se tratando da informação bruta, da arqueologia material, a historiografia certamente comporta verdade ou erro e a primeira é preferível. Mesmo que seja muitas vezes desconfortável traçar aí uma fronteira que a erudição não cessa, felizmente, de contestar, a passagem à narrativa, implicando na interpretação, nos faz sair destas categorias. Apresentado, ao mesmo tempo, como conhecido e implicado na operação discursiva, o conjunto postulado e resultado da análise, o "fato" não é mais que unidade constitutiva de uma significação dinâmica, atravessada de tensões que só uma retórica falaciosa iria dissimular. A verdade só se *impõe* em detrimento do sentido[3].

Entre os "fatos", constatemos a diversidade de suas relações, verticais ou horizontais, de semelhança, de diferença, de proporção, de junções, disjunções, interferências... Mas vamos nos proteger de pensá-los em termos de *causalidade*: seria melhor pensar em *analogia* que deixa, por assim dizer, mais margens à liberdade da história: *non verum, sed verosimile*, ensinava, por volta de 1130, Abelardo; a *analogia* é menos um processo de explicação do que um meio heurístico. Que discurso manter senão aquele em cujas cavidades este real se esconde, irrecuperável de outro modo? Aquele que, não sabendo aonde chegar, se construiria em arcada para alcançar este limite, este outro estatuto do sentido?

Do contexto sócio-histórico à ideia poética materializada no texto e pelas estruturas deste (até sua organização fono-sintática), a historicidade não é outra coisa senão a rede movente de *analogias* que as une, no sentido preciso em que, para o contemplativo do século XIII, outras analogias ligavam o microcosmo ao macrocosmo, a alma humana ao céu constelado, assegurando a coerência entre uns e outros, numa incessante cossignificância.

Com que termo qualificar (se é preciso), um tal discurso? Esta mal definível narrativa que integra sua própria glosa? Esta figuração abstrata, que se refere a um modelo construído, a partir das marcas do texto que experimentamos em sua unicidade? Eu não hesitaria em falar de discurso *alegórico*, se a palavra não estivesse tão desvalorizada: "alegórico" na medida em que toda visão generalizante sobrevoa sem penetrar nesse texto concreto, polimorfo, polissêmico, carregado de afetividade e de sexualidades latentes, que se percebem nas projeções abstratas (apenas pensáveis) a fim de reconstituí-lo em narrativa utópica. É assim, finalmente, que a *alegoria* parece dar

---

3. Cf. M. Serres, *Hermès I*, p. 24.

conta de nossa relação ambígua com a história; dar conta daquilo que é a relação segunda da narrativa ao conceito, da ficção à ciência. Seria vão recriar-se. Lá, ainda, seguimos, com outros calçados e num outro patamar, as marcas de nossos longínquos antecessores medievais. E assim parece-me que se explica – independente de seu tipo de escrita e da penetração de seu pensamento – a marginalidade, aparentemente irredutível, do leitor crítico dos textos medievais em relação à sociedade na qual e da qual ele vive: sua forte exterioridade ao tempo em que, de maneira residual, sua liberdade diante de uma "história inencontrável", como já chamamos. Entalado entre meu presente e este passado ao qual dediquei a minha existência, atravesso a longa experiência de uma prática que é tanto minha quanto de um outro. Daí a incerteza; donde as fábulas onde tento esgotar uma necessidade. Tudo a que eu aspiro é que, finalmente, bem depois de mim, a incerteza se remedie, assumida pela necessidade.

O Gaio Saber

Como dizia Roland Barthes, em sua lição inaugural, "é o gosto das palavras que torna fecundo o saber". Copiando Marc Bloch, oporíamos a um saber "frio" um saber "quente", carregado de esperança. Para além das meias-mentiras interessadas que carregamos pelo século XIX e ainda uma boa metade do nosso, eis-nos, a partir de agora, situados frente a uma espécie de evidência: a identidade profunda do discurso crítico e da poesia. As manifestações de um e de outro emanam do mesmo ímpeto de desejo, do mesmo apetite, e resultam no mesmo corte, recorte e conhecimento. Segundo o trocadilho de Claudel, um e outro fundadores dos únicos mitos de que temos verdadeiramente necessidade para viver[4].

4. Cf. L. Marin, *Utopiques, jeux d'espace*, p. 18-35 e 44-50.

A mesma tensão os anima, entre uma ordem abusivamente confundida com o real, e a desordem aparente do vivido, resultante de uma "simultaneidade contextual" e que, por causa de seu dinamismo transgressivo, faz explodir (deveria, poderia fazer...), a cada frase escrita, as tolerâncias do discurso ideológico e dos lugares comuns reinantes[5]. Um e o outro "exploram" o texto que traçam, o "oprimem", tiram daí sangue e água para que triunfe sua violência.

Não é sem violência, com efeito, (contra a inércia das nossas tradições, a espessura das circunstâncias, contra eu próprio) que percebo o eco de algumas dessas palavras do passado. Elas ressoam, ainda (ou eu me engano?), como o mar numa concha, no côncavo do texto sobre o qual, como se diz, eu me debruço: debruçado sim sobre este ser que já, sem conhecê-lo bem, eu amo, este corpo em que, pelo qual, uma vez "despojado", se descobrirá o universo, presença e obstáculo em que hei de me esfacelar.

O que justifica nosso esforço de leitura é o prazer que ela nos dá. Philippe Verdier me contava que Focillon, nos seus cursos no Collège de France, falava de felicidade. Prefiro *prazer*, talvez por causa de Roland Barthes, e pelas conotações que o enriquecem. Prazer confrontado ao conhecimento histórico, numa aparente denegação mútua – tensão e ainda ruptura entre duas finalidades diferentes, mas que não saberíamos dissociar sem arruinar totalmente a empresa. Uma, sem dúvida, (o prazer) se situa para além do outro (o conhecimento): mas isto não basta para condenar aqueles entre nós cujo saber é triste, para exaltar em revanche este saber alegre de que os últimos trovadores nos legaram o exemplo? O que é enfim o saber (sem que cesse, portanto, de ser saber) senão um objeto poético, no sentido mais forte que se possa dar a esta palavra?

O conhecimento (isto é, nossas "ciências humanas") funciona para nós na fonte deste prazer do mesmo jeito que uma

5. K. Stierle, Identité du discourse et transgression lyrique, *Poétique*, 32, p. 430-431.

narrativa arquetípica, para os homens de outras sociedades – que a "história santa" para os da Idade Média. No entanto, seria falacioso marcar etapas, uma progressão, uma cronologia entre estes termos de uma equivocidade: a insubstituível e saborosa equivocidade daquilo que é inesgotável.

O que quer que façamos, não possuiremos nada, jamais. Disto o sabemos. Resta-nos a liberdade derrisória de traçar signos sobre o papel, tão pouca coisa, o desenho dos raminhos nus no galho do plátano sob a minha janela, e que fingem ter capturado, em sua malha, o céu inteiro do inverno – e quem sabe? Talvez eles o tenham feito, de verdade.

POSFÁCIO

*Jerusa Pires Ferreira**

Paul Zumthor foi um singular pensador da Cultura que desenvolveu todo um sistema de pensamento, pretendidamente questionador. No corpo de sua argumentação conviveram sempre razões críticas, experiências e relatos do vivido. Assim o biográfico se mistura ao campo teórico, sob as mais diversas formas. Medievalista de profissão, como tantas vezes declarou, percorreu também territórios ficcionais, construindo pontes com seus estudos especializados e pesquisas avançadas, de que *A Festa dos Loucos* ou *A Travessia* são claros exemplos. Nele os paradigmas se transformam em observação, concretude e materialidade da voz, do corpo, do gesto e também da escrita.

* Professora do Programa de Pós-Graduação em Comunicação e Semiótica da puc/sp e Coordenadora do Centro de Estudos da Oralidade do cos/puc-sp.

Pode-se dizer que *Falando de Idade Média* é um conjunto de ideias concentradas em vigoroso pequeno livro e se constitui numa espécie de texto-manifesto revelador de um posicionamento, observação que provém de seu trajeto e da proposta de trazer à baila os instrumentos de observação mais acurados. Note-se, porém, que não se trata de um manifesto de proposições imóveis/estáveis, úteis ao campo de uma disciplina (como tantas vezes aliás pretende), mas é a apresentação de uma série de constatações e críticas que alternam com questões em aberto. Ele nos oferece uma série de oportunos *insights*, explicações inovadoras, audácias e ousadias críticas. Um convite a pensar questões, que levam sempre em conta o movimento dos textos e das culturas. Refere-se então ao intenso, ao deslizante, ao líquido, destinando toda uma discussão às tensões entre o claro e o ambíguo, que as muitas linguagens e códigos do texto medieval parecem sempre revelar.

Estão referidos aí muitos elementos de seu importante conjunto de ensaios que nos falam de língua, texto, enigmas[1], nos quais alude a processos de construção e de inscrição do texto medieval, em sua visualidade, a exemplo dos *carmina figurata* com que tão bem exemplifica, do ambíguo fundamental à construção de alegorias.

Neste pequeno livro básico, ele confere grande importância às conquistas da antropologia e da descoberta daquele que, por sua diferença, chamamos de o Outro.

Alguns temas sobressaem, a história e os historiadores, em causa as posições que envolvem tais textos críticos, aquilo que aproxima poética de história e narração. Para ele nem a poesia nem a história, de fato, declaram nada, mas transmitem linguagens através do seu discurso competente. A narrativa é construção e, ao mesmo tempo, ficção, documento e, por fim, prazer: o do texto medieval; aproveita aí para dialogar com Barthes de quem tanto se quer próximo.

1. *Langue, texte, enigme*, Paris, Seuil, 1975.

Na sequência, nos diz que não importa, hoje, o que pertence à ordem da estrutura, mas sim os processos subjacentes que a superam. Uma clara lição.

Há em tudo isto um aspecto de grande modernidade conceitual quanto ao domínio da comunicação, um acompanhamento e as modulações dos atos transmissivos e sua relação com os públicos.

São questionados, então, posicionamentos e atitudes de alguns mestres, colocados em confronto diferentes pontos de vista, relativização que evita posições fechadas levando às prisões unitárias, referidas ao longo de sua obra.

Por sua vez, o *Essai de poétique médievale*[2] foi mesmo uma revolução no campo dos estudos da Idade Média. A partir daí o filólogo, medievalista, poeta, completou o grande salto teórico que vinha ensaiando, rumo às poéticas da voz.

Como diz, em um dos seus muitos prefácios, e já para questionar a expressão Idade Média:

correntes contrárias a percorreram e provocaram aí periodicamente movimentos, para além dos quais a onda novamente se estendia, mudando porém de ritmo. No espírito dos homens os mesmos contrastes, crises e rupturas[3].

Procurou sempre criar clareiras de percepção, nichos (abertos) de originalidade e experimentação, em sua abordagem. Um modo novo de ver a tradição "literária" do medievo, participando de uma cultura de dominância oral e teatral, de espaços/tempos que lhe são próprios.

Em *A Letra e a Voz*, retoma extensamente este ponto de vista:

os jograis, recitantes, os menestréis, gente do verbo formam a imensa maioria daqueles para quem a poesia se insere na existên-

2. Paris, Seuil, 1972.
3. *Guillaume le Conquérant*, Paris, Tallandier, 2003, p. 5.

cia social. E por obra da voz, único *mass media* existente então. E quanto melhor o texto se presta ao efeito vocal, mais intensamente preenche sua função[4].

Discutindo este tema numa carta que me dirigiu, ele acrescenta que o fato capital é situar-se a poesia medieval antes do corte entre a cultura letrada e a popular. Estava lançado o desafio. O de entender a literatura da Idade Média partindo de um registro que lhe é próprio, o escrito/oral, e, sobretudo, a partir de uma reconstituição aproximativa das circunstâncias e condições de transmissão e recepção, embutidas na demanda dos públicos de então.

Nesses livros memoráveis, enfrenta muitos desafios para um medievalista. Exercita um aparelho novo, aproveitando conquistas da semiótica e da leitura estrutural, para pensar o universo do medievo que ofereceria um abismo intransponível, se encarado apenas com os aparelhos tradicionais, conforme o explicitou em entrevista concedida à *Folha de São Paulo*, quando de sua visita ao Brasil, em 1988.

Consegue elaborar sua passagem da operação filológica para outras percepções que incluem a dimensão antropológica, performática, simultaneamente coletiva e individual, convidando sempre a que se avance por outros limiares.

Paul Zumthor era o contrário de tudo o que se quisesse impor: experimentação e travessia, movimento e deslocação, enraizamento na tradição cultural europeia e ao mesmo tempo descentramento, descoberta permanente de novos mundos, escuta sempre atenta dos outros.

Foi ousado na teoria, o que lhe valeu, por um lado, uma rejeição sistemática daqueles mais apegados a determinadas formas consagradas de lidar com a cultura, a literatura, a arte. Aliás, se lemos com atenção *A Letra e a Voz*, há momentos em que sentimos uma espécie de con-

---

4. *A Letra e a Voz*, São Paulo, Companhia das Letras, 1993, p. 286.

vite para repensar os passos de toda uma historiografia e uma teoria dos textos.

Caminhando, desde cedo, para a mobilidade, questionando sempre limites e criando para o texto oral e medieval um estatuto próprio, relacionado à categoria de movência, procurava no entanto encontrar-se e, de forma obsessiva, buscava origem e assentamento.

Num dos mais belos livros que nos deixou – a série de entrevistas que batizou *Ecriture et Nomadisme*[5] – ele nos fala do desencontro de uma identidade, sempre em busca, e de como foi profunda sua ancoragem no mundo medieval, que pode muitas vezes representar um porto e abrigo.

Já bem cedo, em sua bela tese de doutorado, *Merlin le prophète*, defendida em Genebra em 1943, evidencia o seu pioneirismo, no que se refere ao encaminhamento de sua obra posterior, conferindo à voz tão importante papel no medievo.

Trata da profecia política com a agudeza que o fenômeno requer e, diante do conjunto de versões, conclui que se as profecias pertenciam a um gênero de grande popularidade na Idade Média, entre elas figuram as do mago Merlin em posição importante. Diz-nos que Merlin é apenas uma voz, a que se empresta uma nuance espiritual aqui ou segundo as necessidades da literatura de combate – sem que sua mensagem perca o duplo caráter: a promessa de uma vitória, a partir das provas presentes; a expressão, numa ordem pré-determinada, providencial dos acontecimentos da história humana

Considerando um trabalho seu, "De la circularité du chant"[6], indispensável para sua teorização da cultura medieval e para as conexões com a contemporaneidade, ele me respondeu:

este artigo marcou para mim uma verdadeira reviravolta em minha concepção da poesia medieval. Foi a culminação de reflexões

---

5. Montreal, Hexagone, 1990. Tradução brasileira, *Escritura e Nomadismo*, Cotia, Ateliê Editorial, 2005.
6. *Poétique*, 2, 1970, p. 129-140.

que vinham sendo gestadas a partir de 1965-70. Ele já continha algumas páginas do *Essai de Poétique Médiévale*, então no prelo.

Devo também, aqui, mencionar que no próprio ano de 1993, tão denso e cheio de realizações, publica *La Mésure du monde*[7], uma representação do espaço na Idade Média, em que acompanha o desenvolvimento de uma ação coletiva, e recupera, neste caso, a presença de formas elementares e matriciais da representação medieval. Instala aí sua observação mais aguda da inscrição do gesto e do corpo no tempo/espaço. Aproveita para nos dizer "que a experiência do espaço constitui um dos fundamentos sobre os quais o ser humano organiza conceitualmente os outros domínios do 'real'"[8]. Permite-se avaliar a polivalência da palavra medieval, em sua relação com a *Bíblia*, o latim, a extensão criadora. Espaços, viagens, cartografias, imagens o levam a situar limites e extensões da voz à página, do ouvir ao ver.

Tenta mais uma vez definir com clareza o espaço textual e o espaço poético, vendo o texto como um lugar de transformação das artes, das técnicas, da própria vida social.

Continuando a perguntar-lhe coisas, em nossa correspondência, pedi-lhe que explicasse a realização da poesia oral e medieval, levando sempre em conta a "presentidade" e suas emanações, o corpo em presença. Disse por escrito, que se referia a *presentificar*, no sentido duplo de representar e de tornar presente, vale dizer, contratar, contrair, sintetizar, num mesmo instante atual, toda a duração do tempo.

Em verdade, sente-se que, ao longo de todo o itinerário nômade de Paul Zumthor, ele foi sempre um medievalista, historiador e poeta, que alcançou a oralidade, o corpo, o gesto, a vocalização, a unidade no diverso e ao contrário.

Sua extensa obra de um polígrafo da oralidade – aparente paradoxo – teoria, ensaio, ficção, poema, texto memorial, passa pela construção de um sistema poético. Depois que lhe mandei um trecho de sua prosa que tra-

7. Paris, Seuil.
8. Idem, p. 27

duzi em verso, um segmento de *Le Masque et la lumière*[9] ele me responde que o livro se trata "antes de tudo de uma poética dos temas abordados".

O *Éssai de poétique médiévale* teve seu primeiro esboço em *Langue et techniques poétiques à l'époque romane*[10], que reunia trabalhos, seminários e conferências, constituindo, segundo ele, a primeira ruptura com a filologia tradicional e a aproximação ao estruturalismo, que, no entanto, não o consegue aprisionar.

A importância de estarmos trazendo todo este conjunto de revelações e de informações prende-se à necessidade de pensar nos processos de sua aproximação aos textos e à história medieval. Quando lhe apontei o rigor, a acumulação de dados, inclusive interpretados de modo estatístico, defendeu-se me dizendo: "estes são restos de velhos hábitos filológicos, mas eu já não creio em sua pertinência". Porém, de fato, reúnem-se aí a precisão informativa, os dados, o detalhamento de que só um filólogo é capaz, a incidência de uma verdadeira poética da recuperação e daquilo que numa entrevista posterior, ele procura esclarecer. Chamou tudo isso uma espécie de *ebriografia do saber*, operação incansável de apreensão do mundo estudado e percorrido com sofreguidão. Nesta medida, fala-nos deste prazer como um método de trabalho.

Perguntado sobre história e ficção responde:

É preciso distinguir na história o aspecto documentação ou erudição, que se reporta à coleta e à organização de dados; e o aspecto relato, pois, no fim das contas, toda história é relato [...] Somos seres de narrativa, tanto quanto de linguagem[11].

Para ele, *Falando de Idade Média*, é uma espécie de história na qual mostra o que foi enriquecedor e decepcionante nessas diferentes etapas pelas quais passou. O livro

---

9. Paris, Seuil, 1978.
10. Paris, C. Klincksilck, 1963.
11. *Escritura e Nomadismo*, p. 48.

termina com algumas páginas onde ele diz algo em que acredita profundamente: que para falar de poesia é preciso empregar uma linguagem poética.

E continuando a explicar-se neste trajeto de medievalista-criador declara: "cada um dos meus livros foi modificando meu ponto de vista". Mobilidade conceitual, generosidade e grandeza na plataforma de que faz parte esta lição sobre a Idade Média, no campo das ciências e da vida.

BIBLIOGRAFIA

BADEL, P. Y. Pourquoi une poétique médiévale? *Poétique*, 18, 1974.
BAROJA, Julio Caro. *El Carnaval, Análisis Socio-Cultural*. Madrid: Taurus, 1965.
BARTHES, Roland. *Leçon*. Paris: Seuil, 1978.
BRUNNER, Otto; CONZE, Werner; KOSELLECK, Reinhart. *Geschichtliche Grundbegriffe*. Sttutgart, 1972.
CERTEAU, Michel de. *L'Écriture de l'histoire*. Paris: Gallimard, 1975.
CHARLES, Michel. *Rhétorique de la lecture*. Paris: Seuil, 1977.
COMBARIEU, Micheline de. Le moyen âge et Radio-France. *Perspectives médiévales*, 5, 1979.
CORTI, Maria. Structures idéologiques et structures sémiotiques au XIIIe s. *Travaux de linguistique et de littérature*, XVI, 1, 1978.
DAKYNS, Janine R. *The Middle Ages in French Literature 1850-1900*. London: Oxford University Press, 1973.
ECO, Umberto. *Le forme del contenuto*. Milano: Bompiani, 1971. (Trad. bras. *As Formas do Conteúdo*. 3. ed. São Paulo: Perspectiva, 1999).
FICHANT, Michel. L'idée d'une histoire des sciences. In: FICHANT, Michel; PÉCHEUX, Michel. *Sur l'histoire des sciences*. Paris: PUF, 1969.
FRIEDELL, E. *Kulturgeschichte der Neuzeit*. Münche, 1946.
FRIEDLAENDER, S. *Histoire et psychanalyse*. Paris: Seuil, 1946.
FURET, François. Le quantitatif en histoire. In: LE GOFF, Jacques; NORA, Pierre. *Faire de l'histoire*, I, Paris: Gallimard, 1974.

GADAMER, Hans-Georg. *Vérité et méthode*. Paris: Seuil, 1976.
GAGNON, Claude. *Description du livre des figures hiéroglyphiques de Nicolas Flamel*. Montreal: Aurore, 1977.
GOUX, Jean-Joseph. *Les Iconoclastes*. Paris: Seuil, 1978.
GRAUS, Frantiek. *Lebendige Vergangenheit: Überlieferung im Mittelalter und in den Vorstellungen des Mittelalters*. Vienne: Böhlau, 1975.
GÖSSMANN, Elisabeth. *Antiqui und Moderni im Mittelalter*. Vienne: Schöningh, 1974.
GREIMAS, Algirdas Julien. *Sémiotique et sciences sociales*. Paris: Seuil, 1976.
GREIMAS, Algirdas Julien; COURTES, Joseph. *Sémiotique: dictionnaire raisonné de la théorie du langage*. Paris: Hachette, 1979.
GUMBRECHT, Hans Ulrich. Toposforchung, Begriffsgeschichte und Formen der Zeiterfahrung im Mittelalter. In: BALDINGER, Kurt. *Beiträge zum romanischen Mittelalter*. Tubingen: Niemeyer, 1977.
_____. Über gegenkulturelle Funktionen der Literatur im hohen und späten Mittelalter (communication au colloque du G. R. L. M. A., Bielefeld, texte ronéoté), 1977.
HAIDU, Peter. Repetition: Modern Reflections on Medieval Esthetics. *Modern Language Notes*, 92, 1977.
JAUSS, Hans Robert. Littérature médiévale et théorie des genres. *Poétique*, 1, 1970.
_____. *Alterität und Modernität der mittelalterlichen Literatur*. Münche: W. Fink, 1977.
_____. Littérature médiévale et expérience esthétique, *Poétique*, 31, 1977.
_____. *Pour une esthétique de la réception*. Paris: Gallimard, 1978.
_____. Esthétique de la réception et communication littéraire, 1979. Consulta feita ao manuscrito.
JIMENEZ, Marc. *Adorno: art, idéologie et théorie de l'art*. Paris: Bourgeois, 10/18, 1973.
KIRCKPATRICK, Robin. *Dante's Paradiso and the Limitations of Modern Criticism*. New York: Cambridge University Press, 1978.
KOEHLER, Erich. Gattungsgeschichte und Gesellschaftssystem. *Romanistische Zeitschrift*, I, 1977.
KRAUSS, Werner. Literaturgeschichte als Geschichtlicher Auftrag. *Studien und Aufsatze*, Berlin, 1959.
LACOUE-LABARTHE, Philippe; NANCY, Jean-Luc. *L'Absolu littéraire*. Paris: Seuil, 1978.
LECLERCQ, J.; TALBOT, C. H.; ROCHAIS, H. M. *Sancti Bernardi Opera*. Rome, 1957.
LEGENDRE, Pierre. *L'Amour du censeur*. Paris: Seuil, 1974.
LE GOFF, Jacques. *Pour un autre moyen âge*. Paris: Gallimard, 1977.
_____. L'histoire nouvelle. In: LE GOFF, Jacques; CHARTIER, Roger; REVEL, Jacques. *La Nouvelle histoire*. Paris: Retz, 1978.
LE ROY LADURIE, Emmanuel. *Le Territoire de l'historien*. Paris: Gallimard, 1973.
LIMENTANI, Alberto. Les nouvelles méthodes de la critique et l'étude des chansons de geste. In: *Charlemagne et l'épopée romane*. Paris: Belles-Lettres.

LOHNER, Edgar. The Intrinsic Method. In: DEMETZ, Peter. *The Disciplines of Criticism*. New Haven: Yale University Press, 1978.
MARIN, Louis. *Utopiques, jeux d'espace*. Paris: Minuit, 1973.
MARROU. Henri Irénée. *De la connaissance historique*. Paris: Seuil, 1954. Citado conforme a reedição da coleção Points, 1975.
MELA, Charles. Pour une esthétique médiévale, *Le Moyen Âge*, 84, 1, 1978.
MESCHONNIC, Henri. *Pour la poétique, V*. Paris: Gallimard, 1978.
MILNER, Jean-Claude. *L'Amour de la langue*. Paris: Seuil, 1978.
MOOS, Peter von. *Mittelalterliche Forschung und Ideologiekritik*. Münche: Fink, 1974.
MORIN, Edgar. *La Méthode I: la nature de la nature*. Paris: Seuil, 1977.
MOSER, W. Kant: Origin and Utopia. *Studies in Eighteenth Century Culture*, 8, 1979.
MOURALIS, Bernard. *Les Contre-littératures*. Paris: PUF, 1975.
OUSPENSKI, B. A. Historia sub specie semioticae. In: LOTMAN, Y. M.; OUSPENSKI, B. A. *Travaux sur les systèmes de signes*. Bruxelles: Complexe, 1976.
PANOFSKY, Erwin. *Meaning in the Visual Arts*. New York: Garden City, 1957. (Trad. bras., *O Significado nas Artes Visuais*. 3 ed. São Paulo: Perspectiva, 2001).
PARAIN-VIAL, Jeanne. *La Nature du fait dans les sciences humaines*. Paris: PUF, 1966.
PATTE, Daniel; PATTE, Aline. *Pour une exégèse structurale*. Paris: Seuil, 1978.
PERRONE-MOISES, Leyla. L'intertextualité critique. *Poétique*, 27, 1976.
PLANCHE, Alice. Moyen Âge et presse quotidienne, *Perspectives médiévales*, 2, 1976.
PRIETO, Luis. *Lineamenti di semiologia*. Bari: Laterza, 1971.
REISS, T. Archéologie du discours et critique épistémologique. In: GRAVEL, Pierre. *Littérature et philosophie*. Montréal: Bellarmin/ Paris: Desclée, 1979.
ROSSMAN, Vladimir R. *Perspectives of Irony in Medieval French Literature*. Paris/La Haye: Mouton, 1975.
RUPRECHT, Hans-George. Pour un projet de théorie de la littérature. *Documents de travail*, Centre International de Sémiotique d'Urbino, n. 72-73, 1978.
SERRES, Michel. *Hermès I: la communication*. Paris: Minuit, 1968.
STEMPEL, W.; KOSELLECK, R. Geschichte, Ereignis und Erzählung. *Poetik und Hermeneutik*, 5, 1973.
STIERLE, Karlheinz. Identité du discours et transgression lyrique, *Poétique*, 32, 1977.
TODOROV, Tzvetan. *Les Genres du discours*. Paris: Seuil, 1978.
_____. *Symbolisme et interprétation*. Paris: Seuil, 1978.
VALESIO, Paolo. The Practice of Literary Semiotics. *Documents de travail*, Centre International de Sémiotique d'Urbino, n. 71, 1978.
VANCE, Eugene. Modern Medievalism and the Understanding of Understanding. *New Literary History*, 1979.
VEYNE, Paul. *Comment on écrit l'histoire*. Paris: Seuil, 1971.
WARNING, Rainer. *Rezeptionsaesthetik*. Münche: W. Fink, 1975.

WHITE, Hayden. *Metahistory*: the Historical Imagination in Nineteenth Century Europe. Baltimore: Johns Hopkins University Press, 1973.
WHYTE, Lancelot Law. *The Inconscious before Freud*. London: Tavistock, 1962.
ZUMTHOR, Paul. *Essai de poétique médiévale*. Paris: Seuil, 1972.
_____. *Langue, texte, énigme*. Paris: Seuil, 1975.
_____. *Le Masque et la lumière*: la poétique des grands rhétoriqueurs. Paris: Seuil, 1978.

PAUL ZUMTHOR

Nascido em 1915 em Genebra, na Suíça, Paul Zumthor cresceu e se formou na França, onde realizou estudos com o respeitado crítico literário Gustave Cohen. Medievalista, poeta, romancista e estudioso da voz, fez carreira em universidades da França, Holanda, Estados Unidos e Canadá, país onde estabeleceu-se definitamente e onde viria a falecer, em 1995.

Foi autor de inúmeros ensaios críticos, dentre os quais destacam-se: *Éssai de poétique médiévale* (1972), *Langue, texte, énigme* (1975), *Le Masque et la lumière* (1978), *Introdução à Poesia Oral* (1983), *A Letra e a Voz* (1987), *Performance, Recepção, Leitura* (1990), *La Mesure du monde* (1993), *Babel ou l'inachèvement* (1997). Como romancista, publicou *La Traversée* (1991), *La Porte à côté* (1994), *La Fête des fous* (1991), *Escritura e Nomadismo* (1990) e o livro de poemas *Fin en soi* (1996).

HISTÓRIA NA PERSPECTIVA

Nova História e Novo Mundo
Frédéric Mauro (D013)

História e Ideologia
Francisco Iglésias (D028)

A Religião e o Surgimento do Capitalismo
R. H. Tawney (D038)

1822: Dimensões
Carlos Guilherme Mota (D067)

Economia Colonial
J. R. Amaral Lapa (D080)

Do Brasil à América
Frédéric Mauro (D108)

História, Corpo do Tempo
José Honório Rodrigues (D121)

Magistrados e Feiticeiros na França do Século XVII
Robert Mandrou (D126)

Escritos sobre a História
Fernand Braudel (D131)

Escravidão, Reforma e Imperialismo
Richard Graham (D146)

Testando o Leviathan
Antonia Fernanda Pacca de Almeida Wright (D157)

Nzinga
Roy Glasgow (D178)

A Industrialização do Algodão em São Paulo
Maria Regina C. Mello (D180)

Hierarquia e Riqueza na Sociedade Burguesa
Adeline Daumard (D182)

O Socialismo Religioso dos Essênios
W. J. Tyloch (D194)

Vida e História
José Honório Rodrigues (D197)

Walter Benjamin: A História de uma Amizade
Gershom Scholem (D220)

De Berlim a Jerusalém
Gershom Scholem (D242)

O Estado Persa
David Asheri (D304)

Falando de Idade Média
Paul Zumthor (D317)

Nordeste 1817
Carlos Guilherme Mota (E008)

Cristãos Novos na Bahia
Anita Novinsky (E009)

Vida e Valores do Povo Judeu
Unesco (E013)

História e Historiografia do Povo Judeu
Salo W. Baron (E023)

O Mito Ariano
Léon Poliakov (E034)

O Regionalismo Gaúcho
Joseph L. Love (E037)

Burocracia e Sociedade no Brasil Colonial
Stuart B. Schwartz (E050)

De Cristo aos Judeus da Corte
Léon Poliakov (E063)

De Maomé aos Marranos
Léon Poliakov (E064)

De Voltaire a Wagner
Léon Poliakov (E065)

A Europa Suicida
Léon Poliakov (E066)

Jesus e Israel
Jules Isaac (E087)

A Causalidade Diabólica I
Léon Poliakov (E124)

A Causalidade Diabólica II
Léon Poliakov (E125)

A República de Hemingway
Giselle Beiguelman (E137)

Sabatai Tzvi: O Messias Místico I, II, III
Gershom Scholem (E141)

Os Espirituais Franciscanos
Nachman Falbel (E146)

Mito e Tragédia na Grécia Antiga
Jean-Pierre Vernant e Pierre Vidal-Naquet (E163)

A Cultura Grega e a Origem do Pensamento Europeu
Bruno Snell (E168)

O Anti-Semitismo na Era Vargas
Maria Luiza Tucci Carneiro (E171)

Jesus
David Flussser (E176)

Em Guarda Contra o "Perigo Vermelho"
Rodrigo Sá Motta (E180)

O Preconceito Racial em Portugal e Brasil Colônia
Maria Luiza Tucci Carneiro (E197)

A Síntese Histórica e a Escola dos Anais
Aaron Guriêvitch (E201)

Nazi-tatuagens: Inscrições ou Injúrias no Corpo Humano?
Célia Maria Antonacci Ramos (E221)

1789-1799: A Revolução Francesa
Carlos Guilherme Mota (E244)

História e Literatura
Francisco Iglésias (E269)

A Descoberta da Europa pelo Islã
Bernard Lewis (E274)

Tempos de Casa-Grande
Silvia Cortez Silva (E276)

O Mosteiro de Shaolin
Meir Shahar (E284)

Notas Republicanas
Alberto Venancio Filho (E288)

A Orquestra do Reich
Misha Aster (E310)

Eros na Grécia Antiga
Claude Calame (E312)

A Revolução Holandesa: Origens e Projeção Oceânica
Roberto Chacon de Albuquerque (E324)

A Mais Alemã das Artes
Pamela Potter (E327)

Mistificações Literárias: "Os Protocolos dos Sábios de Sião"
Anatol Rosenfeld (EL003)

O Pequeno Exército Paulista
Dalmo de Abreu Dallari (EL011)

Galut
Itzhack Baer (EL015)

Diário do Gueto
Janusz Korczak (EL044)

Xadrez na Idade Média
Luiz Jean Lauand (EL047)

O Mercantilismo
Pierre Deyon (K001)

Florença na Época dos Médici
Alberto Tenenti (K002)

O Anti-Semitismo Alemão
Pierre Sorlin (K003)

Os Mecanismos da Conquista Colonial
Ruggiero Romano (K004)

A Revolução Russa de 1917
Marc Ferro (K005)

A Partilha da África Negra
Henri Brunschwig (K006)

As Origens do Fascismo
Robert Paris (K007)

A Revolução Francesa
Alice Gérard (K008)

Heresias Medievais
Nachman Falbel (K009)

Armamentos Nucleares e Guerra Fria
Claude Delmas (K010)

A Descoberta da América
Marianne Mahn-Lot (K011)

As Revoluções do México
Américo Nunes (K012)

O Comércio Ultramarino Espanhol no Prata
Emanuel Soares da Veiga Garcia (K013)

Rosa Luxemburgo e a Espontaneidade Revolucionária
Daniel Guérin (K014)

Teatro e Sociedade: Shakespeare
Guy Boquet (K015)

O Trotskismo
Jean-Jacques Marie (K016)

A Revolução Espanhola 1931-1939
Pierre Broué (K017)

Weimar
Claude Klein (K018)

O Pingo de Azeite: A Instauração da Ditadura
Paula Beiguelman (K019)

As Invasões Normandas: Uma Catástrofe?
Albert D'Haenens (K020)

O Veneno da Serpente
Maria Luiza Tucci Carneiro (K021)

O Brasil Filosófico
Ricardo Timm de Souza (K022)

Schoá: Sepultos nas Nuvens
Gérard Rabinovitch (K023)

Dom Sebastião no Brasil
Marcio Honorio de Godoy (K025)

Espaço (Meta)Vernacular na Cidade Contemporânea
Marisa Barda (K026)

Os Druidas
Filippo Lourenço Olivieri (K027)

História dos Judeus em Portugal
Meyer Kayserling (PERS)

A Alemanha Nazista e os Judeus, Volume 1: Os Anos da Perseguição, 1933-1939

Saul Friedländer (Pers)

A Alemanha Nazista e os Judeus, Volume 2: Os Anos de Extermínio, 1939-1945
Saul Friedländer (PERS)

Associações Religiosas no Ciclo do Ouro
Fritz Teixeira de Salles (LSC)

Manasche: Sua Vida e Seu Tempo
Nachman Falbel (LSC)

Em Nome da Fé: Estudos In Memoriam de Elias Lipiner
Nachman Falbel, Avraham Milgram e Alberto Dines (orgs.) (LSC)

Inquisição: Prisioneiros do Brasil
Anita Waingort Novinsky (LSC)

Cidadão do Mundo: O Brasil diante do Holocausto e dos Judeus Refugiados do Nazifascismo
Maria Luiza Tucci Carneiro (LSC)

Este livro foi impresso em 2018,
nas oficinas da MetaBrasil, na cidade de Cotia,
para a Editora Perspectiva